我国职业体育俱乐部创新经营战略研究

金宗强 著

WO GUO ZHI YE TI YU JU LE BU
CHUANG XIN JING YING ZHAN LUE YAN JIU

天津社会科学院出版社

图书在版编目（CIP）数据

我国职业体育俱乐部创新经营战略研究 / 金宗强著
. -- 天津 : 天津社会科学院出版社, 2021.8
ISBN 978-7-5563-0775-3

Ⅰ. ①我… Ⅱ. ①金… Ⅲ. ①职业体育－俱乐部－研究－中国 Ⅳ. ①G812.17

中国版本图书馆CIP数据核字(2021)第202092号

我国职业体育俱乐部创新经营战略研究
WOGUO ZHIYE TIYU JULEBU CHUANGXIN JINGYING ZHANLUO YANJIU

出版发行：天津社会科学院出版社
地　　址：天津市南开区迎水道7号
邮　　编：300191
电话/传真：(022) 23360165 (总编室)
　　　　　(022) 23075303 (发行科)
网　　址：www.tass-tj.org.cn
印　　刷：北京建宏印刷有限公司

开　　本：787×1092　毫米　1/16
印　　张：14
字　　数：215千字
版　　次：2021年8月第1版　2021年8月第1次印刷
定　　价：68.00元

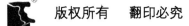

序

职业体育是按照市场经济的基本规律,将职业运动员高水平体育竞赛及相关产品作为商品来经营,从中获得经济利益的一种体育经济活动。本研究借鉴北美职业体育俱乐部经营的先进经验,在系统分析我国职业体育俱乐部经营现状的基础上,从企业管理的角度,遵循战略制定的程序与步骤,在职业体育俱乐部的宏观层面上制定创新经营战略,无疑对新时代我国职业体育俱乐部的健康发展具有重要的理论价值和实践意义。

本研究综合运用管理学、体育学、经济学等多学科知识,采用比较法、SWOT分析法、逻辑分析法、实证研究等研究方法,对我国职业体育俱乐部创新经营战略进行了研究。全书共十一个章节:(一)引言;(二)研究思路与方法;(三)北京奥运后我国职业体育发展背景分析;(四)国内外职业体育经营研究的理论基础;(五)北美职业体育的成功启示与借鉴;(六)我国职业体育发展中的问题及原因:以中国职业足球联赛为例;(七)亚洲足球强国(日本与韩国)的调研体会与启示;(八)我国职业体育经营的SWOT分析;(九)新时期我国职业体育改革与发展的宏观对策;(十)我国职业体育俱乐部创新经营战略研究;(十一)结论。

总体看,本研究专著提出如下创新观点与认识:

1. 体育发展融资方式的转变、体育多元功能的开发、运动项目管理体制改革等方面的变化是北京奥运后我国职业体育发展面临的新背景变化。

2. 北京奥运后中国体育的发展方式将由政府办向社会办转变。中国竞技体育的功能需要突破传统的以政治为主导的单一功能模式，向多元化发展，以满足民众新时期的需求。

3. 我国职业体育俱乐部处于以公有制为主体的社会主义市场经济条件下，有我国国情的特殊性，不可能也没有必要完全照搬国外职业体育俱乐部的运行模式。

4. 借鉴北美职业体育发展的成功经验，并结合北京奥运后我国职业体育发展背景新变化，是开发我国职业体育俱乐部创新经营战略的出发点。

5. 我国职业体育俱乐部经营的总体战略：面对国际强有力的竞争，我国职业体育应利用地理位置的接近性，建议采用目标集中化战略。

本专著为天津市高校“学科领军人才培养计划”成果，由项目负责人金宗强策划、撰写并审定。感谢为本专著撰写提供借鉴资料的各位专家学者，感谢本团队所有成员付出的艰辛和努力。由于时间仓促以及本团队水平所限，书中难免有诸多不妥之处，敬请广大体育同仁和朋友批评指正。

2021 年 4 月

摘 要

职业体育是按照市场经济的基本规律,将职业运动员高水平体育竞赛及相关产品作为商品来经营,从中获得经济利益的一种体育经济活动。19世纪中后期,职业体育俱乐部在欧美出现并迅速发展,成为世纪之交引人注目的社会文化现象。在世界范围内,北美是职业体育较为发达的地区,代表着世界职业体育发展的最高水平,其成功运营促进了职业体育在全球范围的传播与发展,并获得了巨大的经济与社会效益。相比之下,我国职业体育的发展无论在规模还是质量上都滞后了许多。而滞后的原因是多方面的,不仅受外在政治、经济、文化等生存环境的制约,同时也受职业体育自身管理体制、运行机制不完善等内在因素的影响。

职业体育的作用与价值使我们必须将其发展摆在一个突出的位置。因为,从某种程度上讲,职业体育的发展具有以下重要作用:首先,作为联结竞技体育、社会体育、学校体育的纽带,职业体育能够很好促进体育内三个子系统的协调发展;其次,职业体育所产出的高水平赛事与巨额收益不仅能满足人们日益增长的体育赛事欣赏需求,而且为2008奥运后中国竞技体育自主发展提供了巨大的造血细胞;再次,职业体育的发展会刺激整个体育市场的繁荣并带动体育产业的连锁增长。同时,构建和谐社会为体育提供的"大格局、大视野、大舞台",使我国职业体育发展迎来了前所未有的良好发展契机。

我国职业体育俱乐部处于以公有制为主体的社会主义市场经济条件下,有我国国情的特殊性,不可能也没有必要完全照搬国外职业体育俱乐部的运行模式。但对于反映当今职业体育俱乐部发展规律的人类社会的共同财富,则是应该正视并加以学习借鉴的。鉴于此,本研究借鉴北美职业体育俱乐部经营的先进经验,在系统分析我国职业体育俱乐部经营现状的基础上,从企业管理的角度,遵循战略制定的程序与步骤,在职业体育俱乐部的宏观层面上制定创新经营战略,无疑对我国职业体育俱乐部的健康发展具有重要的理论价值和实践意义。

本文采用比较法、SWOT 分析法、逻辑分析法、实证研究等研究方法,从 2008 奥运会我国职业体育发展的背景变化、北美职业体育成功运营的借鉴、我国职业体育经营的内外部因素分析、我国职业体育创新经营战略与各职能战略等几个方面进行了较为系统地研究,并得出以下主要结论:

1. 体育发展融资方式的转变、体育多元功能的开发、运动项目管理体制的改革等是北京奥运后我国职业体育发展面临的新背景变化。

2. 我国职业体育俱乐部坚持以"服务球迷、服务赞助商、服务媒体"为宗旨,进一步解放思想和观念,学习借鉴北美职业体育的管理经验和市场经营理念,加大管理力度,按照各利益主体均受益的方针使联赛健康成长。其战略目标是:提高俱乐部球队的技、战术水平;实现俱乐部及其球队的品牌价值最大化;实现对主要股东公司从提高隐形贡献为主到有形贡献为主的转变。

3. 我国职业体育俱乐部经营的总体战略:面对国际强有力的竞争,我国职业体育应利用地理位置的接近性,建议采用目标集中化战略。

4. 我国职业体育俱乐部经营的职能战略:(1) 市场营销战略,以球迷消费者需求为中心,实施以竞赛产品为核心的品牌经营战略和产品延伸战略,采取灵活多样的定价策略以及多角度的促销策略。(2) 产品管理战略,提升核心产品——联赛质量是关键,同时加速外围产品开发与保护。(3) 人才管理战略,应树立"以人为本"的战略管理思想,建立全面公开的绩效管理机制,培训向纵深发展,逐步建设一支懂管理、善经营、技术高、综合素质强、结构合理的人才队伍。(4) 财务管理战略,改变"混乱"局面,实现财务规范化管理,提高财务信息透明度,降低俱乐部与投资者之间的信息不对称，并拓宽融资渠道、真正实现政企分开、完善职业体育俱乐部产权组织关系和利益协调机制。(5)研究与开发战略，作为新兴产业，应采取防御性研究与开发战略，重点放在技术开发和产品改进上。(6)信息开发战略，转变观念、增强意识、普及技术、培训人才、开发资源、培育市场、创造环境将是近期重点工作。(7)俱乐部文化战略，以增强球队凝聚力和向心力，提高俱乐部的终极竞争力为目标，从构建俱乐部共同的价值观，组建优秀的俱乐部领导集体，塑造俱乐部的良好形象等方面来加强建设。

目　　录

第一章

引　言

一、问题的提出

职业体育是按照市场经济的基本规律,将职业运动员高水平体育竞赛及相关产品作为商品来经营,从中获得经济利益的一种体育经济活动。[①] 世界上最早的现代体育俱乐部是1608年在英国贵族中出现的高尔夫球俱乐部。[②] 直到19世纪中后期,职业体育俱乐部在欧美出现并迅速发展,成为世纪之交引人注目的社会文化现象。在世界范围内,北美是职业体育较为发达的地区,尤其是最具代表性的MLB(北美职业棒球联盟),NBA(全美职业篮球联盟),NFL(全美职业橄榄球联盟),以及NHL(北美职业冰球联盟)四大职业联盟都集中在北美地区。北美职业体育市场的成功运营促进了职业体育在全球范围的传播与发展,仅NBA的总收入就从1984年的1.92亿美元提升到今天的40亿美元,成为美国四大职业体育组织的首富,并把NBA影响力传遍世界各地。相比之下,我国职业体育的发展无论在规模还是质量上都滞后了许多。而滞后的原因是多方面的,不仅受外在政治、经济、文化等生存环境的制约,同时也受职业体育自身管理体制、运行机制不完善等内在因素的影响。

而职业体育的作用与价值使我们必须将其发展摆在一个突出的位置。因为,从某种程度上讲,职业体育的发展具有以下重要作用:首先,作

① 张林,李明.国外职业体育俱乐部运行机制的特点,上海体育学院学报[J].第25卷第1期2001年2月.

② 王其慧,李宁.中外体育史[M].武汉:湖北人民出版社,1988.5

为联结竞技体育、社会体育、学校体育的纽带，职业体育能够很好促进体育内三个子系统的协调发展；其次，职业体育所产出的高水平赛事与巨额收益不仅能满足人们日益增长的体育赛事欣赏需求，而且为北京奥运后中国竞技体育自主发展提供了巨大的造血细胞；再次，职业体育的发展会刺激整个体育市场的繁荣并带动体育产业的连锁增长。同时，新时期为体育提供的“大格局、大视野、大舞台”①，使我国职业体育发展迎来了前所未有的良好发展契机。我国职业体育俱乐部处于以公有制为主体的社会主义市场经济条件下，有我国国情的特殊性，不可能也没有必要完全照搬国外职业体育俱乐部的运行模式。但对于反映当今职业体育俱乐部发展规律的人类社会的共同财富，则是应该正视并加以学习借鉴的。鉴于此，本研究借鉴北美职业体育俱乐部经营的先进经验，在系统分析我国职业体育俱乐部经营现状的基础上，从企业管理的角度，遵循战略制定的程序与步骤，在职业体育俱乐部的宏观层面上制定创新经营战略，无疑对我国职业体育俱乐部的健康发展具有重要的理论价值和实践意义。

二、国内外研究现状述评

目前国内有关“职业体育”的研究不少，但大部分研究集中在个体项目职业化经营问题上，以职业体育为层面进行的研究较少。谭建湘，何志林(1998)、周毅，刘建刚(1999)、李吉慧(2002)、丰光(2004)对足球运营方案进行了研究；白喜林(2000)、杨铁黎(2001)、周武，陶玉流(2003)、张登峰(2004)对篮球进行了研究；许广超(2001)、丁向东(2005)对排球进行了研究；李世英(2003)以中国武术散打王争霸赛为例构建了中国武术散打市场化运作模式；许靖(2003)对乒乓球运动的职业化趋势及条件进

① 总局科研所召开高层研讨会——经济、文化、体育专家同议“和谐体育”，中国体育报，2005-5-18。

行了论证；陈小敏、谭先明(2003)对中国职业棒球产业化经营的可行性分析进行了研究。

国外有关职业体育经营的研究(Morris 、 J. ,1985；Gauthier, 1993；Neil Teanter, 1998；So, jae suk, 1999；Pascal Chantelat,1999；Chis Gratton, 2000；Paul Downward and Alistair Dawson,2000；Chis Gratton and Peter Taylor,2000；Stephen and John Goddard,2001；Park, Yong Joo,2003；等)多是结合部分职业体育项目的经营问题从市场细分经营战略、社会转型经营战略、经济环境转型的改革经营战略、职业体育俱乐部运营对所属企业产品经营战略、高校竞技体育与职业体育经营战略等问题进行研究。

国内有关北美职业体育的研究包括以下几方面：(1)职业联盟的背景与特征(张超慧,2002)；(2)管理体制(凌平,2003)、管理机构的特点(石磊,1996)；(3)政府的职业体育政策(石磊,1998；王波,1999)；(4)经营特点(蒋明朗,2003,骆秉全,2005)、商业化运行特征(马志和,2003)；(4)职业体育设施投资进程与发展(唐小英,2004)；(5)四大联盟体育比赛的球迷消费支出(石磊,2003)；(6)职业体育税法(戴美仙,2006)、劳资关系(尹海立,2004)、反垄断豁免(贾文彤,2005)、仲裁制度(黄世席,2004)、禁止限制贸易行为理论与职业体育运动中的处罚措施(郭树理,2006)、职业联盟纪律处罚机制(刘苏,2006)等法律制度问题。

综上所述,已有研究为我国职业体育俱乐部发展提供了诸多有益的见解。同时我们也清晰地发现,上述研究明显表现出注重综述性、理论性研究,缺乏操作性研究；多现状与对策性研究,少整体性、系统性研究；多足球、篮球、排球等单个项目俱乐部的研究,少职业体育俱乐部层面上的综合研究；多经营的基础性问题研究,无经营战略研究。此外,《体育科学研究现状与展望》(2005—2007)有关我国体育产业学科中将“职业体育市场(俱乐部)开发研究”纳入研究热点,且据统计截至目前,从系统、宏观的层面进行职业体育俱乐部经营战略模式的研究尚未涉及。这充分说明,我国针对此类研究的研究基础非常薄弱,是亟待研究的重要课题。

三、研究意义

由于自主创新是构建和谐体育的推进动力(丛振江,2006),经营是职业体育的核心与灵魂,同时职业体育俱乐部是职业体育经营的最基本单位和实体(杨铁黎,2000),因此本研究将以职业体育俱乐部创新经营为切入点进行研究。

本研究的意义:(1)本研究将促进我国职业体育健康发展,促进北京奥运后我国运动项目管理体制改革;(2)迎合职业体育的国际趋势,视2008年北京奥运会为转折点,满足国内职业体育的发展需求,实现其良性发展,并在一定程度上解决我国竞技体育的财政负担问题。(3)借鉴北美职业体育俱乐部经营的先进经验,在系统实证调查与分析我国足球、篮球、排球、乒乓球、网球、羽毛球、围棋、武术散手、棒球等项目职业体育俱乐部经营现状的基础上,从企业管理的角度,遵循战略制定的程序与步骤,在职业体育俱乐部的宏观层面上制定创新经营战略,无疑对我国职业体育俱乐部的健康发展具有重要的理论价值和实践意义。

四、研究的核心内容与重点难点

(一)研究的核心内容

1. 北京奥运后我国职业体育发展背景分析(融资方式的转变、体育多元功能的开发、运动项目管理体制改革等)

2. 国内外职业体育经营研究述评

3. 北美职业体育发展的成功启示(发展背景与成长历程、管理体制、

运行机制、经营模式、法制建设、政策扶植等)

4. 我国职业体育发展存在的问题及原因分析:以中国职业足球联赛为例

5. 亚洲足球强国(日本与韩国)的调研体会与启示

6. 我国职业体育经营现状实证调查与分析

7. 我国职业体育俱乐部经营战略 SWOT 分析

8. 我国职业体育俱乐部创新经营战略研究

(二)研究的重点难点

北美职业体育发展的成功启示与我国职业体育俱乐部创新经营战略研究两部分是本研究的重点。

系统揭示北美职业体育发展的成功经验,以及对涵盖九个职业体育项目的我国职业体育发展现状的系统调查是本研究的难点。针对第一个难点,我们计划通过多方面途径收集资料来解决,同时课题组第一主研刚刚从北美国家留学归来,在留学期间积累了大量的相关素材,不足的材料可以通过加拿大和美国的同学与朋友获取。针对第二个难点,计划通过提高调查问卷的信度与效度,扩大问卷调查的范围以及增加问卷的调查数量来解决。

五、研究的主要观点和创新

(一)主要观点

1. 体育发展融资方式的转变、体育多元功能的开发、运动项目管理体制改革等方面变化是北京奥运后我国职业体育发展面临的新背景变化。

2. 北京奥运后中国体育的发展方式将由政府办向社会办转变。中国竞技体育的功能需要突破传统的以政治为主导的单一功能模式,向多元化发展,以满足民众新时期的需求。

3. 我国职业体育俱乐部处于以公有制为主体的社会主义市场经济条件下,有我国国情的特殊性,不可能也没有必要完全照搬国外职业体育俱乐部的运行模式。

4. 借鉴北美职业体育发展的成功经验,并结合北京奥运后我国职业体育发展背景新变化,是开发我国职业体育俱乐部创新经营战略的出发点。

(二)创新之处

1. 选题的创新之处:借鉴北美职业体育成功发展经验,对北京奥运会后我国职业体育俱乐部创新经营战略的研究很少见。

2. 研究视角的创新:已有研究多从单个项目的某个局部问题进行研究,本研究将从职业体育的宏观层面进行较为系统的整体研究。

3. 研究方法的创新:本研究将综合运用统计法等定量分析方法与比较法、SWOT 法等定性分析方法相结合,同时体现了传统研究方法与现代研究方法的结合。

第二章

研究思路与方法

一、研究思路与流程

本课题为了达到预期的目标，首先设计出了以下基本研究思路与流程（总体研究流程如图1所示，SWOT分析具体流程见图2）。

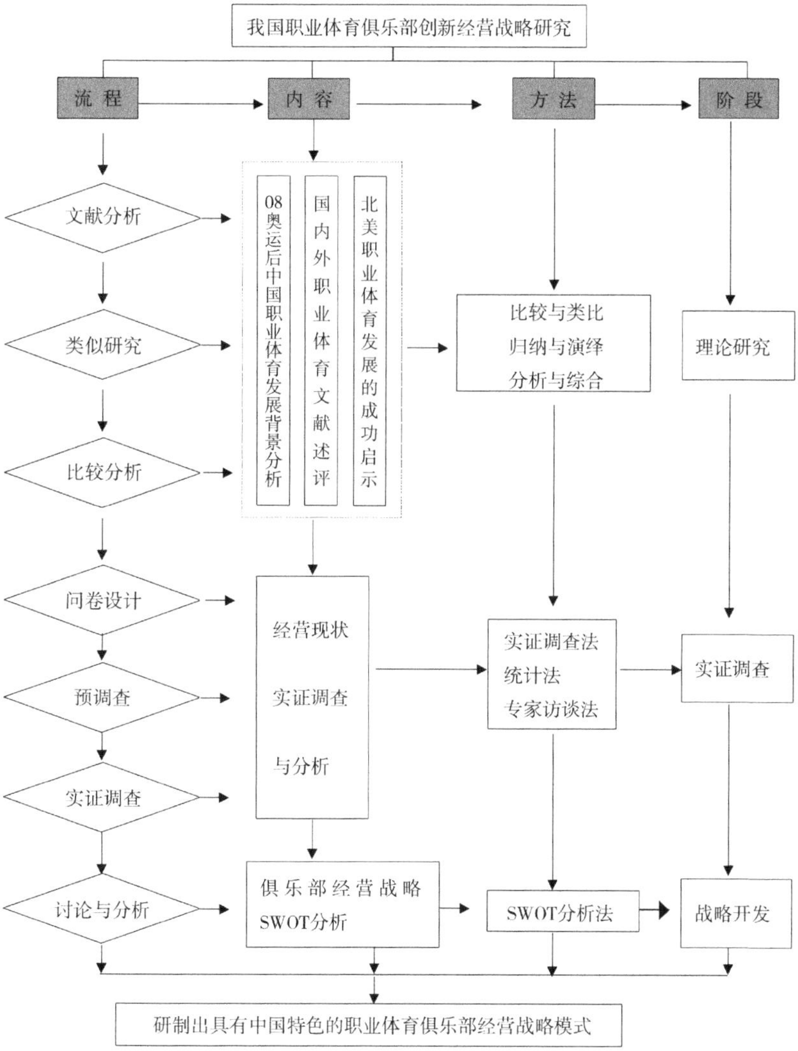

图1　总体研究思路与流程

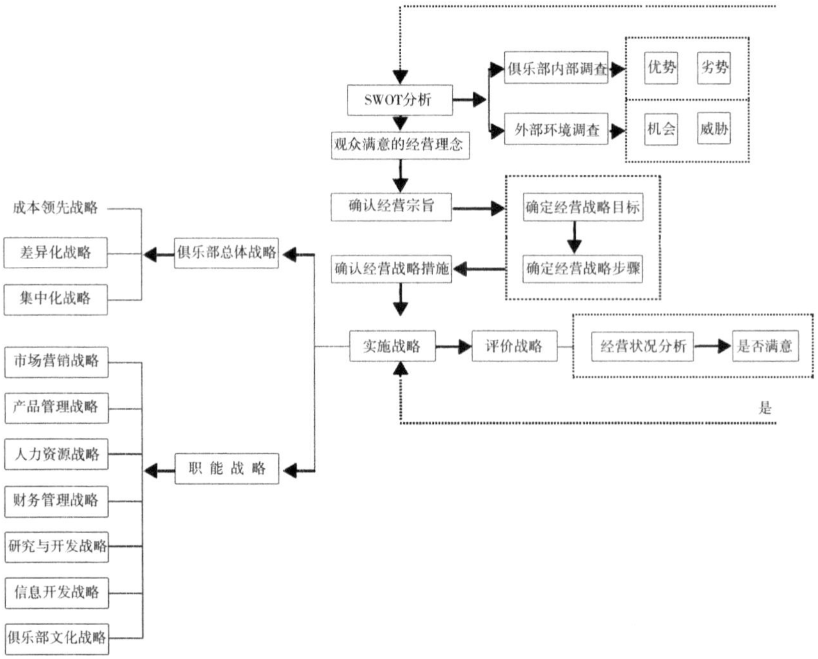

图 2　职业体育俱乐部创新经营战略 SWOT 分析具体流程

第一步，通过 2008 奥运会中国职业体育发展背景分析、国内外职业体育文献述评和北美职业体育发展的成功启示为我国职业体育创新经营战略研究奠定理论基础。

第二步，通过对我国九个职业体育项目的经营现状实证调查与分析，系统了解我国职业体育的经营现状与问题，为我国职业体育创新经营战略研究提供现实基础。

第三步，通过对我国职业体育俱乐部内外部环境的调查，揭示俱乐部经营的优势、劣势、机遇与挑战，并为我国职业体育创新经营战略研究提供决策基础。

最后，结合上述研究成果，在确定我国职业体育经营理念、经营宗旨和经营目标的基础上，选择与确定我国职业体育俱乐部经营的总体战略和职能战略。

二、研究方法

（一）实证调查法

1. 调查对象：职业体育俱乐部运动员、职业体育俱乐部教练员、职业体育俱乐部工作人员、政府机关从事职业体育俱乐部管理的工作人员、消费者（不同性别、年龄、收入、学历、职业）等群体。

2. 调查领域：北京、上海、天津、重庆、广州、深圳、武汉、成都、西安、新疆、沈阳、大连、济南、青岛。

3. 调查内容：（1）俱乐部经营理念、市场营销、产品管理、人力资源开发、财务管理、信息开发、俱乐部文化建设等现状及总体经营状况。（2）消费者特征与满意度。（3）制约俱乐部经营的主要因素。

4. 调查程序：包括预调查和正式调查两个阶段。首先，为确保问卷的信效度进行两轮的预调查。而后，修订与完善问卷，在确保问卷无疑的情况下再进入正式调查阶段。

5. 信效度检验：（1）信度。使用已开发好的问卷进行小样本预调查，并采用 Cronbach's α 方法对调查结果进行问卷信度检验。（2）效度。为了达到课题的预期研究目的，与课题小组成员反复进行问卷结构及语句的合理性与科学性分析，并邀请相关专家进行评定。

（二）专家访谈法

预采用开放式问卷。访谈对象为职业体育俱乐部经营者、职业体育俱乐部管理者、政府机关官员、体育经纪人、从事本专业大学教授及科研人员等人群。

选择专家时，预先考虑到专家的专业领域、知识结构、学科领域中的权威性、丰富的实践经验和预见能力等，在对其进行多方位考察后，再选择专家访谈对象。

访谈内容：(1)制约俱乐部经营的主要因素；(2)我国职业体育俱乐部经营总体战略的选择；(3)我国职业体育俱乐部职能战略的构成及各职能战略实施对策。

（三）统计法

采用 Window SPSS 23.0 统计软件对问卷结果进行统计处理。预计采用的统计方法有频数分析、T 检验、单因素方差分析、多重比较。

（四）SWOT 分析法

结合实证调查结果，采用 SWOT 法对我国职业体育俱乐部发展的内部优势(Strengths)与劣势(Weaknesses)、外部机遇(Opportunities)和挑战(Threats)进行系统分析，旨在为研制出具有中国特色的职业体育俱乐部经营战略模式提供理论依据。

第三章

北京奥运后
我国职业体育发展背景分析

历经十余年的发展，我国职业体育经营已初具规模，21 世纪以来，伴随着世界经济全球化和北京奥运会的成功举办及入世五年过渡期的终结，未来我国体育市场将进一步加速开放力度。北京奥运会极大地促进了我国的基础设施建设（特别是北京的基础设施建设）、体育产业、旅游业和股市等的发展，将增加对我国职业体育资金的供给量，为我国职业体育的发展提供雄厚的经济基础和物质后盾。同时，在北京举办的高水平国际体育赛事对宣传体育、提高公民体育意识与行为起到积极的作用，也使我国体育产业的经营管理人员得到一次极好的学习、锻炼机会，是我国培养与国际接轨的、高层次的体育产业经营管理人才的一个良机。

在这样的背景下，发展中国职业体育，既要看到奥运会带来的大好前景，又要充分考虑到可能产生的问题，毕竟，我国职业体育还是新兴产业，它的发展仍然面临着诸多瓶颈，如何打破瓶颈使我国职业体育持久、快速地发展已成为人们关注的焦点。

一、融资方式的转变

（一）目前我国的融资方式

从理论上讲，现阶段我国职业体育的融资方式主要有两种：一种是内源性融资中的经营收入再投资，如甲 A 足球俱乐部，一般的俱乐部每年有 2500—3100 万元左右的收入，因我国大多数俱乐部亏损经营，故俱乐部通过内源融资所获得的资金是非常少的。第二种渠道是风险投资,即大公司、大企业选择部分高成长性的投资项目所做的长线投资,目前我国的职业体育俱乐部基本也是依靠国内大公司的资本注入来运转的。[①] 而英国、美国、日本的职业体育俱乐部,在发展早期多数是依靠国际国内著名的大公司提供资本支持的,目前采用了多种融资方式,如银团贷款、资产债券化融资、商业信用融资、球员抵押贷款等。这些融资方式在我国尚未得到应有的重视和应用,在其他企业运用较多的如商业银行贷款、上市融资、发行企业债券等融资方式的融资成本高,并且目前国内职业体育俱乐部不符合上述融资条件,因而在我国职业体育俱乐部的融资中不能应用,造成目前我国职业体育融资渠道单一的现实。

(二)奥运后我国职业体育融资方式的转变

随着全球化程度的提高以及奥运会的成功举办,我国职业体育融资方式将不断发展演变,具体表现在以下两个方面:

第一,可以从国际资本市场上获得充足的资金。资金短缺是影响中国职业体育发展的一个关键因素。目前中国职业体育俱乐部融资渠道单一,大多依靠企业的赞助。全球化以及奥运会的成功举办为外资流入中国职业体育提供了可能,2005 年中国篮协与瑞士盈方公司合资成立中篮盈方公司,盈方每年提供 650 万美元作为篮协和各俱乐部的联赛运营经费,2006 年中国出现了第一家外资控股的职业体育俱乐部——成都谢菲联足球俱乐部(英国谢菲尔德联足球俱乐部控股),这表明一些国际资本开始看好中国职业体育的盈利前景,由此产生了投资的意向。同时,在这样的背景下,中国职业体育俱乐部可利用有些国外证券市场门槛较低的

① 吴晗晗,陈元欣.我国职业体育俱乐部的融资现状分析[J].福建体育科技,2003(4).

有利条件，通过上市公司的形式在国际证券市场上融资。①

第二，有力地推动了我国经济、体育产业的发展。奥运经济在未来的几年里，可以有效地拉动我国 GDP 每年提高 0.3 个百分点。2010 年体育产业的产值至少可达 2812 亿元，占 GDP 的比重可望从 1998 年的 0.2% 增至 0.3%.②。在奥运经济的推动下我国的体育产业也将飞速发展，我国体育市场开放的深度与广度将进一步扩大，这些有利条件将为我国职业体育提供更可靠的市场开发收入。同时，奥运经济还将给举办国提供数以万计的就业机会，这必将促进相关产业及新兴产业的发展，为我国职业体育的融资创造更为宽松的国内外融资环境。奥运经济的发展必将有力推动人们用于体育健身、体育旅游及其他体育消费的增长。北京奥运会提升了国民参与体育锻炼的意识与热情，刺激了国民体育消费，促进了北京以及协办城市运动场所的建设。可以说，北京奥运会给中国体育产业带来了大发展的契机，居民消费每增加 1%，可带动 GDP 增长 0.5%。而体育消费的增长必将推动我国职业体育融资市场的繁荣。

总之，职业体育应加大市场开发力度，积极拓宽收入渠道，充分挖掘自身的无形资产的潜力，利用大好机遇，积极推销自己的产品，提高自身“造血”功能的同时，积极拓宽其融资渠道，实现融资方式的多样化、多元化。采取公平、公正、公开的“三公”原则，选择服务产品的品牌建设，避免政府过多干预市场，让价格机制、竞争机制发挥应有的作用，不断拓展我国职业体育的融资渠道，增加融资的方式。

---

① 何斌，毕仲春，王郓. 全球化背景下中国职业体育发展研究[J]. 成都体育学院学报，2009(4).

② 刘素梅. 2008 年北京奥运对我国职业体育俱乐部融资的影响及对策[J]. 体育世界·学术，2008(6)

二、竞技体育多元功能的开发

社会事物的产生与存在,必须以能适应和满足某种需求为前提条件,否则便失去其产生与存在的基础与现实意义。同样,社会事物的发展要适应与满足社会的需求,就要根据不断发展和变化的社会需求来改变和调整自身的结构与功能,否则便失去发展的方向。人类社会的历史就是在新的需求不断产生、发展和得到满足的过程中前进的。作为社会文化现象的竞技体育的发展也是如此,其功能的开发与实现也是随着社会的进步、人类需求层次的不断提高而不断地被认识和开发,并呈现出竞技体育的多元功能。

我国在建国初期,由于受当时的国际气候与国内环境的影响,其主导价值观念强调政治行为、政治秩序的重要,全社会都注重政治行为,政治需求成为中国各项工作的主要导向,竞技体育也不例外地将为国家政治服务作为根本目的。竞技体育的首要任务是在竞技赛场上拿金牌,争第一,为国家赢得威望,并以此体现社会主义制度的优越性。因此,竞技体育为国争光的政治功能被突出,而其他功能被淡化甚至摒弃,使得中国竞技体育在特定历史时期里,以"为国争光"为主导价值取向的观念和行为与当时占主导地位的政治需求达到了高度一致,并因此使基础条件十分落后、运动技术水平较为低下的中国竞技体育在较短时间里迅速壮大、跻身于世界竞技体育强国之列,同时也带来了政府既"管"且"办"竞技体育、竞技体育功能单一和社会化程度低下的结果。

21世纪以来,随着国家经济发展和构建和谐社会的需要,体育的功能会越来越明显,人们的精神享受和身体健康的要求也会越来越高。和谐社会既要解决社会和经济协调发展问题,也要解决经济发展自身的结构性矛盾,特别是要大力发展提高居民素质和生活质量的现代服务业。职业体育作为现代服务业的重要组成部分和体育事业发展重要的内容,对落实科学发展观和构建和谐社会具有双重的作用。大力发展职业体育不仅能拉动经济增长、促进产业结构调整、扩大社会就业，而且是提高国民素质和生活质量的重要内容，是体育事业发展的重要部分。在这种背景下，中国竞技体育的功能需要突破传统的以政治为主导的单一功能模式，向多元化发展，以满足民众新时期的需求。

随着我国社会主义市场经济的确立以及奥运会的成功举办，我国的综合国力大大增强，城乡居民的收入水平大幅增长。按照恩格斯的观点，人类社会的消费层次依次为生存消费、发展消费和享受消费，体育消费属于发展消费和享受消费，是人们为了追求文明、健康、快乐的生活方式而进行的消费。目前我国的体育人口逐步增加，消费结构朝更深的、更高的层次发展，体育劳务消费被大幅度提高，主要表现为一种活动，如观看体育表演、体育娱乐、体育旅游等，竞技体育的娱乐、经济功能明显增强。同时，由于体育竞赛具有群众性、国际性、技艺性和礼仪性特点，使它成了传播价值观的理想载体。它能激发人们的爱国热情，振奋民族精神，教育人们与社会保持一致。体育竞赛的国际性，不仅扩大了它的活动范围，而且加深了它所产生的社会影响，将原本属于运动技艺的比赛扩大到国与国之间相互竞争的层面，这就使体育竞赛超越了其本身的价值，产生了不可低估的教育、文化功能。

总之，在人类社会发展的历史长河中，当和平与发展成为人类社会发展的主旋律时，竞技体育必将向着开发与实现其多元功能方向发展。其原因就在于体育要想在社会发展过程中争取到更多的社会资源，为自身发展创造良好的条件，就必须具备满足社会各种需求的功能；体育的功能越多，它所能满足社会及人的需求也就越大，它所争取到的社会资源配置也就越多，也就更有利于它自身的发展。因此，在体育发展过程中，任何用国情的不同、制度的差异等为借口，一味强调政府行为的重要性，从而以牺牲体育多元功能的实现来换取某一特定功能，如政治功能的超常规的做法，无疑都会延缓甚或停滞体育向着实现其多元功能方向发展的进程。①

三、运动项目管理体制改革

我国自实施"举国体制"以来，为奥运争光计划每年要消耗大量的人力、物力、财力。据资料显示我国每年竞技体育经费大约占体育事业经费的70%左右，竞技体育巨大的资金需求对国家财政造成沉重的负担，显然政府对竞技体育的一元投资已经越来越不适应市场经济的发展。伴随着我国市场经济发展，我国竞技体育市场化需求进一步提升。国家体委于1992年发布了《关于深化体育改革的决定》，并提出，要建立与社会主义市场经济相适应的，符合现代体育运动规律，国家调控，依托社会，有自我发展活力的体育制度和良性循环的运行机制，形成国家办与社会办相结合，集中与分散相结合的格局。同时，国家体育总局《2001—2010体育改革与发展纲要》提出，在进一步完善我国运动项目管理体制和运行机制的基础上，逐步建立具有中国特色的协会制，使协会逐步成为自主决策、自主管理、自我约束、自负盈亏的社团法人，各地要根据本地区实际，分期分批进行协会实体化改革。② 然而，目前我国的职业体育只初步形成了一个由职业体育俱乐部参与，我国体育行政部门以及具有准政府性质的项目管理中心负责组织、管理和经营职业体育联赛的一种协会管理制度。③ 事实上项目管理中心在实现管理的过程中行使的仍旧是政府职

① 高雪峰. 论竞技体育功能多元化与政府之间的关系[J]. 武汉体育学院学报，2004(3).

② 钟秉枢，于立贤，董进霞，梁栋. 我国竞技体育职业化若干问题的研究——兼论深化我国运动项目管理体制改革[J]. 北京体育大学学报，2002(3).

③ 王庆伟. 我国职业体育联盟理论研究[D]北京体育大学，2004年6月.

能[1]，只不过其运行的方式作了相应的改变，基本上可以看作是国家体育行政管理机关职能的延伸，行使的是一种公共权力。项目管理中心"官民商一体"[2]的架构，本身就导致角色冲突、职能不清、目标模糊，形成了新的政事、政企、管办不分。从目前来看，国家体育总局及项目管理中心的规制职能尚未独立化，规制职能在一定程度上还依附于政府的其他职能，并服从于政府的其他职能和需要，从而使规制偏离其自身的政策目标。

随着国家经济发展和构建和谐社会的需要，人们的精神享受和身体健康的要求也会越来越高。因此，体育的管理职能不会削弱，反之会加强。政府对竞技体育的投入不会减少，但形式和投向会发生变化。从组织机构来讲，趋势是"小政府大社会"。也就是政府管理体育的是很少一部分人，他们代表国家制定体育的发展战略，规划和扶持体育的政策。而实施对体育的管理应发挥全国体育总会、中国奥委会以及各运动协会的作用，逐步使社团完全走向实体化，成为有机构、有编制、有经费、有人员的实体。从管理体制来讲，运动协会是全国体育总会、中国奥委会的会员，与省市运动协会均为会员制关系，平等合作，共同发展。有条件的运动协会将完全实现实体化，形成真正意义上的自我管理，自我约束，自我发展，管理有序、运转规范的协会制管理体制。从经费投向来说，国家会重点对能在奥运为国争光的项目进行投入，对体育场馆、体育基础设施进行投入。而运动项目自身发展所需要的经费和非奥运项目的投入则要依靠项目自身的开发和吸收社会资金来解决。从办体育的角度看，会形成以运动协会为主体，以整合体育资源配置为手段，动员和组织社会力量广泛参与运动项目的管理，鼓励并积极支持行业协会、高校、企业组办优秀运动队，形成多形式，多渠道，多层次的优秀运动队管理体制。总之，要在

---

① 高沈阳. 关于运动管理中心职能问题的探讨[M]//国家体育总局干部培训中心. 新世纪体育改革发展之探讨. 北京：北京体育大学出版社，2000：249-257.

② 肖林鹏. 中国体育管理体制改革研究述评[J]. 西安体育学院学报，2005(1)：23-25.

中国特色的前提下,充分利用“举国体制”的优势,考虑运动项目的管理和发展,在条件成熟时,鼓励运动项目走向职业化管理。我国项目管理体制改革中,项目协会的性质和管理形式应根据各运动项目的特点、运动水平、所担负任务、市场发展前景和职业化程度等不同情况来确定(本研究以职业足球为个案,进行了管办分离的设计,详见附录1)。

综上所述,北京奥运后中国体育的发展方式由政府办向社会办转变。中国竞技体育的功能需要突破传统的以政治为主导的单一功能模式,向多元化发展,以满足民众新时期的需求。我国职业体育俱乐部处于以公有制为主体的社会主义市场经济条件下,有我国国情的特殊性,不可能也没有必要完全照搬国外职业体育俱乐部的运行模式。总之,体育发展融资方式的转变、体育多元功能的开发、运动项目管理体制改革等方面的变化是北京奥运后我国职业体育发展面临的新背景变化。

第四章

国内外职业体育经营研究的理论基础

一、国外职业体育的研究

现代体育成熟的组织形式,主要在于其经济管理方面的合理性,是一种“典型的商业卡特尔”①体育联盟,相对其他产业的管理透明度更高、经济数据更公开,就成为经济学家或管理学者提出或者验证理论的理想领域。早在20世纪50年代中期,美国一些学者、专家就开始对职业体育的相关经济活动进行关注,美国芝加哥大学的经济学家Simon于1956年就对棒球的劳动力市场发表重要文章。

Neale在1964年发表《职业运动的特殊的经济学——企业理论对运动竞争和市场竞争的贡献》②,从经济学的角度分析和研究了职业体育联盟的性质和特征。他认为职业体育联盟是自然垄断者,认为竞争存在于运动竞赛层面而不存于职业联盟中,职业球队的市场成本和需求的特点是职业体育联盟间竞争程度降低的缘由。Neale指出,职业体育联盟的存在,有利于消除球队作为资方的市场垄断,可以增强运动员在工资谈判中的讨价还价筹码;并认为职业体育联盟这种特殊经济特征必须受到立法机关、法院及大众的认可,其行为模式的确立必须是基于大众性规范和法律基础之上的。Neale在同时期还提出了双方实力不均会降低观众兴

① Fort,R. (2000), “*Europe and North American Sports Differences*”, Scottish Journal of Political Economy, Vo147, NO. 4,43-455.

② Neale W. (1964), "*The Peculiar Economics of Professional Sport*",Quarterly Journal of Economics,78,1,1-14.

趣的假设。

体育比赛对观众的吸引一般来自三个方面：一是比赛结果的不确定性；二是对主场球队获胜喜好；三是比赛的水平。其中，比赛结果的不确定性，是职业体育联盟各项规定要满足的基本要求，也是俱乐部业主推行对运动员控制的各种政策所仰仗的名义。关于比赛结果的不确定性，一般存在三条假设，一是资源的不均等会导致比赛结果的不平等；二是比赛结果不确定性的降低会导致观众兴趣的下降；三是特殊的联盟分配机制可以增加比赛结果的不确定性。学者对于这些假设进行了大量研究与证实。用 Scully(1974)方法对资源不平等的假设做过验证，认为如果不考虑俱乐部对运动员才能的剥夺，或者各个俱乐部在劳动力市场对运动员才能的剥夺很普遍的话，比赛的成功和运动员的工资就会紧密相关[①]。用每个俱乐部运动员的总工资数可以更加直接地验证这一假设，Szymanski(2002)以美国 4 大职业体育联盟和英超、意甲、德甲俱乐部常规赛获胜比例和运动员总工资，进行回归分析，发现在比赛成绩和运动员支出之间紧密相关。[②] Forrest and Simmons(2002)也做过类似的分析。[③] 此外 Jennett(1984)、Whitney(1988)、Knowless et al(1992)、Schmidt and berri (2001)等分别对比赛结果的不确定性进行验证。关于特殊的联盟分配机制假设的研究，由于比赛结果的不确定性会增加观众的兴趣，因此联盟的业主以此为由制定了诸多意在平衡联盟内部俱乐部分工水平以及运动员专业水平的特殊制度，如保留条款、收入分享、选秀制度、转会制度、工资帽和奢侈税等。Rottenberg 的《棒球选手的劳动力市场》、Horowitz 的《竞争平衡日益增加的棒球大联盟》、Daly and Moore 的《美国职棒大联盟

① Scully G. (1974), "*Pay and performance in Major League Baseball*", American Economic Review, 64, 915-30.

② Hall S., Szymanski S. and Zimbalist A. (2002), "*Testing causality between team performance and payroll: thecases of Major League Baseball and English soccer.*" Journal of Sports Economics, 3, 2, 149-168.

③ Forrest D. and Simmons R. (2002) "*Team salaries and playing success in sports: a comparative perspective*," Zeitschrift für Betriebswirtschaft Vol. 72, No. 4.

中的外部经济、财产权利以及资源的分配》等对此假设做了深刻的研究。此外,EL—Hodiri and Quirk. 1971《职业运动联盟的经济模型》、George Daly and William J Moore. 1981《棒球联盟的外部性、产权和资源的分配》以及 John Vroonman. 1995《职业运动联盟的一般理论》和 Stefan Kesenne. 2000 的《职业运动球队的收入分配和竞争平衡》等都是在职业体育经济管理研究方面涌现出的代表性著作。

此外,国外有关职业体育经营的研究(Morris 、 J. ,1985;Gauthier, 1993;Neil Teanter, 1998;So, jae suk, 1999;Pascal Chantelat,1999;Chis Gratton,2000;Paul Downward and Alistair Dawson,2000;Chis Gratton and Peter Taylor,2000;Stephen and John Goddard,2001;Park, Yong Joo,2003;等)多是结合部分职业体育项目的经营问题从市场细分化经营战略、社会转型经营战略、经济环境转型的改革经营战略、职业体育俱乐部运营对所属企业产品经营战略、高校竞技体育与职业体育经营战略等问题进行研究。

综上所述,职业体育历经百余年的发展,尤其是自 1956 年对北美职业体育理论的研究以来,已经逐渐形成一套体制完善、经营成功、法规健全的职业体育的市场结构。同时其在实践上的巨大成功,存在有力的说服力,有值得我们学习和借鉴之处。

二、关于国内职业体育的研究

(一)我国竞技体育职业化的研究

竞技体育职业化是体育发展的高级形式，也是市场经济的必然产物。[①] 刘战在《回首奥运年——1996 年世界体坛综述》中认为当今的竞技体育职业化已呈现出势不可挡的趋势。石磊在研究中指出,1996 以来竞技体育职业化在许多国家得以迅速展开,尤其是《奥林匹克宪章》对“业余原则”做出修改，允许职业运动员参加奥运会比赛，例如 1988 年的网球,1992 年的篮球以及 1996 年的自行车、足球等，大大加快了职业化的进程。1988 年的足球职业化探索,1991 年大连成立中国第一个职业足球俱乐部。1992 中国首家股份制足球俱乐部——四川南德足球俱乐部挂牌。1994 年，中国足球率先推出职业联赛，至今篮球、排球、乒乓球、网球、羽毛球的职业联赛业已展开。[②]

李明在《体育产业学导论》中对竞技体育职业化的特征进行描述:职业运动员的本质属性是以体育为谋生手段,运动员和雇主之间的劳动关系是以契约或其他法律文件形式固定下来,并得到确认,可以以雇佣的方式自由买卖(转会)。职业体育俱乐部必须是一个商业性企业,具有自我造血功能,解决不好职业体育的经费来源,职业化就无从谈起;对于竞技运动项目来说,职业体育项目应更具技艺性、观赏性,更具体育文化价值和体育服务价值。[③]

---

① 曹俊. 逆水行舟,不进则退[J]. 篮球，1998,(09).

② 于立贤,钟秉枢. 我国竞技体育职业化研究综述[J]. 中国体育科技 2000 年 10 期.

③ 李明. 体育产业学导论[J]. 北京体育大学出版社,2004,1.

20世纪90年代中期,原国家体委为落实中央政府机构改革方案,推进单项协会实体化改革,陆续成立了20个运动项目管理中心,并于1997年颁布了《国家体委运动项目管理中心工作规范暂行规定》①。从多年的运行实践上看,项目中心的设立和运作促进了运动项目管理由原先的粗放型向集约型的转变,推动了各个运动项目的社会化和产业化进程,同时也培育了各运动项目的体育市场。对此项改革,国家体育总局《2001—2010体育改革与发展纲要》②提出,在进一步完善我国运动项目管理体制和运行机制的基础上,逐步建立具有中国特色的协会制,使协会逐步成为自主决策、自主管理、自我约束、自负盈亏的社团法人,各地要根据本地区实际,分期分批进行协会实体化改革。

(二)我国职业体育俱乐部的研究

1991年大连成立了我国第一个职业足球俱乐部。1992年国家体委召开了中山会议,提出了体育改革的任务之一就是实现体育产业化,竞技体育要推进运动项目实体化,以足球为突破口,部分项目向职业化过渡。1995年篮协以全国男篮甲级联赛制改革为突破口,实行了主赛场形式的比赛,推动了篮球职业化和俱乐部的建立。1996年12月,排协以赛制改革为突破口首次推出了跨年度比赛的主客场联赛。1998年,中国乒协首次以主客场形式推出了"红双喜中国乒乓球俱乐部甲级联赛"。目前,我国足、篮、排、乒乓球职业或半职业俱乐部共有128家(以参加全国一线联赛为准),男足26家,篮球34家,排球24家,乒乓球44家。③

在关于俱乐部经济管理的研究,张林在《职业体育俱乐部运行机制》

---

① 《国家体委运动项目管理中心工作规范暂行规定》,国家体育运动委员会1997年11月24日.

② 《2001—2010体育改革与发展纲要》,国家体育总局,2002年12月25日.

③ 刘涛等.我国职业体育俱乐部市场竞争力的构建[J].辽宁体育科技,2003年12月.

中以俱乐部的产权关系为切入口，对比专业队的运行机制，从目标、组织、动力、激励和约束机制四方面系统揭示了现阶段我国职业体育运行机制的特点，指出了我国职业体育俱乐部运行机制的主要缺陷：产权关系模糊、市场主体地位未确立、经营机制不完善、法律建设滞后以及激励和约束失衡[①]。陈海辉在《论我国职业体育俱乐部现状与发展对策》一文中的调查表明，目前我国职业体育俱乐部产权关系不明晰，运行机制不畅；经营管理观念落后，经营不善，不能自负盈亏；利益分配机制不完善，分配机制违背"谁投资，谁收益"的市场原则；职业俱乐部约束机制不强，运动员职业意识不强[②]；赵豫在《我国职业体育俱乐部公司化的研究》[③]中根据中国足协《中国足球俱乐部的基本条件》中对职业足球俱乐部的概念，提出所谓的职业体育俱乐部就是具有企业法人资格的，具备法定条件，从事法定经营活动，以营利性为目的的职业体育机构，并阐述了我国职业体育俱乐部的特征：职业体育俱乐部具有营利性；职业体育俱乐部具有营业特定性；职业体育俱乐部发展目标的双重性。

关于职业体育俱乐部管理体制与现存问题的研究，主要依据国外俱乐部的先进经验和现代企业制度的基本原理，分别对职业体育俱乐部的机构设置、管理体系、制度建设等方面进行了探讨。孙庆鹏在《"潮头"思考——关于我国职业体育俱乐部制改革的几点认识》[④]一文中表明，我国职业体育俱乐部在投融资机制上，由于与国家运动项目管理中心利益分配上的双重标准严重违背了市场经济下"投资—收益"的原则，在激励机制上的盲目性导致竞技体育队伍中出现利益的严重失衡，在约束机制上没有体现"职业风险"，不利于培养职业运动员的"职业意识"。周进强在

① 张林. 职业体育俱乐部运行机制[M]. 北京：人民体育出版社，2001.

② 陈海辉. 我国职业体育俱乐部现状与发展对策[J]. 邵阳学院学报，2003.

③ 赵豫. 我国职业体育俱乐部公司化研究[J]. 体育文化导刊，2004，05.

④ 孙庆鹏."潮头"思考——关于我国职业体育俱乐部制改革的几点认识[J]. 体育与科学，2000 年 21 卷 1 期.

《职业体育俱乐部管理问题研究——职业体育俱乐部法律问题研究之三》[①]从职业体育俱乐部的权利义务、职业体育俱乐部的外部关系、职业体育俱乐部的机构设置和民主决策三个方面探讨了职业体育俱乐部管理上的法律问题。“职业体育俱乐部作为公司法人,首先应该按照我国《公司法》的规定建立和完善其管理体系,建立其真正的“法人治理结构”。张林认为“规范职业体育俱乐部的组织管理主要涉及两个方面,一是规范职业体育俱乐部的组织形式,二是完善职业体育俱乐部的制度建设”。

在单个项目职业化研究的进展中,支建明在《中国职业篮球市场开发的分析》一文中指出,篮球的市场开发水平是职业篮球运动发展的重要标志,是关系到职业篮球俱乐部生存和发展的重要环节,应大力进行市场开发[②];陈林祥在《对我国职业足球俱乐部发展的初步研究》一文,是从影响我国职业足球俱乐部发展的前三项因素:职业足球的领导体制、竞赛制度、职业足球俱乐部的经费来源等方面探讨了职业足球俱乐部的发展对策[③]。

(三)我国职业体育法律的研究

我国的体育法学起步较晚,20 世纪 80 年代早期开始出现有关的研究。[④] 同时由于我国职业体育产业是一个新兴产业,所以无论是相关的职业体育产业政策,还是法律法规的制订,都不够完善,甚至可以说是空白。在体育产业法律方面。张吉龙在 2001 年对中国足球产业化讨论认为,“假球也好,黑哨也好,暗箱操作也好,无外乎都是经济利益的驱使,

---

① 周进强.职业体育俱乐部管理问题研究——职业体育俱乐部法律问题研究之三[J].天津体育学院学报,2002,01.

② 支建明.中国职业篮球市场开发的分析[J].广州体育学院学报,1999/03.

③ 陈林祥.对我国职业足球俱乐部发展的初步研究[J].武汉体育学院学报,1995,01.

④ 陈树华.关于我国建立职业篮球联盟的探讨[J].浙江体育科学.2003,25(1):9,11.

其根源则是足球产业的法制不健全,市场不规范,宏观不到位。当务之急是尽快制订与之相对应的法规、政策和制度,建立相对独立的职业联盟,并按照市场规律对包括电视转播权出售、指定产品开发、广告和赞助招商、球员买卖和俱乐部经营管理等内在的商业运作进行规范化管理,形成一种良性循环"①。赵芳通过对我国体育产业立法现状的分析,"提出我国体育产业的立法是适应市场经济体制要求,加强政府部门对其宏观管理、保障体育经营活动规范化、促进体育产业尽快与国际接轨和增强其可持续发展活力,所必须采取的措施"②。赫武刚认为,"加强体育法治建设是规范、发展体育产业的可靠保障,提出体育产业法治建设的价值目标和立法目标、创建完善健全的体育产业法律体系、从司法角度要加强司法队伍的建设"③。

关于我国职业体育产业立法问题,我国学者鲍明晓在其《体育产业》④一书中总结到:职业体育俱乐部是体育企业,作为企业其运作应受《公司法》《合同法》《民法通则》等法律的规范和保护,但是职业体育俱乐部是一类特殊的企业,它的经济活动有别于一般的企业。因此,需要政府的体育行政主管部门实施制定一些专项的法规来进行规范和调控。市场经济是法制经济,一切企业必须依法经营,作为职业体育产业也不例外。但是职业体育产业又具有自身的特殊性,面对职业化以来所出现的各种矛盾和问题,越来越多的各方力量要求由法律来治理、规范体育领域里出现的各种矛盾关系。⑤

① 张吉龙. 论中国足球产业化[J]. 体育科学. 2001,21(1).

② 赵芳. 我国体育产业立法的必要性分析[J]. 首都体育学院学报. 2001,13(4)1.

③ 赫武刚. 论体育产业化与体育产业法制建设[J]. 体育学刊. 1999,(3):52-54.

④ 鲍明晓. 体育产业[M]. 人民体育出版社. 北京,2000 年 12 月第一版.

⑤ 王相林. 产权、制度与公平竞赛——解读"假球黑哨"[J]. 北京体育大学学报,2004(6).

（四）构建我国职业体育联盟的研究

尹海立在《我国建立职业体育联盟的可行性分析》①中指出，我国正在进行的体育市场化、社会化改革，开拓了体育资源的多元化渠道，竞技体育的管理体制也正经历着嬗变的过程。职业体育俱乐部提出的成立职业体育联盟的要求是资本追逐利润的必然结果，也是西方国家竞技体育职业化发展的共同经验。但是，我国的竞技体育有自身的发展逻辑，政府依然是体育资源的主要供给者，国家奥运战略需要竞技体育发挥政府的强大功能，保障中国竞技体育的可持续发展。现阶段国家关于成立社会团体的有关法律、法规以及社会团体发育不良的现实，决定了在我国成立职业体育联盟还需要假以时日。王庆伟在《我国职业体育联盟理论研究》提出"职业体育联盟"是指组织、管理和经营职业联赛的一种管理模式。依照管理主体与生产主体之间的关系，西方的职业体育联盟是一种市场垄断型职业体育联盟。对比美国的职业体育联盟可知，我国改革之初的职业体育管理模式是行政垄断型职业体育联盟，即由政府部门或政府所办协会或机构中心全面负责组织管理、由职业俱乐部参与的一种职业体育联赛的管理模式。②

综上所述，我国关于职业体育的研究大部分停留在俱乐部的层面上，虽然已有研究为我国职业体育俱乐部发展提供了诸多有益的见解，但同时我们也清晰地发现：上述研究表现出注重综述性、理论性研究，缺乏操作性研究；多现状与对策性研究，少整体性、系统性研究；多足球、篮球、排球等单个项目俱乐部的研究，缺少职业体育宏观层面上的综合研究；多经营的基础性问题研究，无经营战略研究。其具体研究现状可以概括为：（1）关于职业体育的大部分研究对象局限在俱乐部层面上。然而，职业

---

① 尹海立. 我国建立职业体育联盟的可行性分析[J]. 上海体育学院学报，2005. 8.

② 王庆伟. 我国职业体育联盟理论研究[J]. 体育科学，2005 年 25 卷 5 期.

体育产业的成功与否,其决定因素并非某一俱乐部的巨大成功,而是联赛俱乐部之间合作生产、相互竞争、互相依存的模式运行效果。(2)我们关于国内职业体育的研究还未深刻揭示职业体育产业与一般企业相比所具有的特点,以及缺少在转型期的运行规律的研究;(3)关于国内职业体育联赛及俱乐部的研究很少涉及产业组织学、产业经济学、联盟战略理论等理论方法,分析手段较为单一,缺乏多样性,显然不适应市场经济下职业体育多极化利益群体;(4)在与国外职业体育成功启示的对比研究中,大部分停留在组织结构、运行机制、法律法规等某一局部的对比研究。(5)从研究的广度看,对我国职业体育俱乐部的研究基本上以宏观和中观的居多。所涉及的内容多是产权、管理、运行、政策法规等方面内容,对俱乐部的特许权经营、准入制度、垄断市场,以及工资理论等方面尚未涉及或者说只是点到为止。

此外,《体育科学研究现状与展望》(2005—2007)有关我国体育产业学科中将"职业体育市场(俱乐部)开发研究"纳入研究热点,且据统计截至目前,从系统、宏观的层面进行职业体育宏观经营战略模式的研究尚未涉及。这充分说明,我国针对此类问题的研究基础非常薄弱,是亟待研究的重要课题。

第五章

北美职业体育的成功启示与借鉴

北美地区职业体育产业开发较早，并且已成为目前最为发达的地区之一。1858年，美国棒球运动开始职业化，被公认为北美职业体育的先驱。随着20世纪世界经济一体化趋势的迅速发展，北美职业体育产业越来越呈现出旺盛的生命力。尤其在美国，职业体育已发展成为一个能够创造很高产值的重要产业。“80年代中期，美国职业体育的年收入已达30亿美元。”[①]“20世纪90年代早期，北美四大职业运动的总市值达到了100亿美元，其中棒球联盟为30.2亿美元、冰球联盟10.5亿美元、橄榄球联盟34.9亿美元和篮球联盟19.9亿美元。”[②]“到2003年，美国体育经济年总产值高达2130亿美元，是美国汽车制造业的2倍。”[③]其中大部分是由职业体育创造的。现全美大大小小职业体育联盟共有792支职业队，职业队之多列全球之首。[④]如根据产业划分，整个国民经济由三部分组成，其中第三产业占GDP总值的75%以上。美国的第三产业按其规定划分有21个行业，体育行业创造的产值排在第3位，仅次于商业银行和证券市场。美国体育产业的资本利润率远远高于社会平均资本利润率。

从社会发展的角度看，职业体育是市场经济发展到一定阶段的产物，更确切的地说，职业体育是竞技运动商业化、市场化的产物。在北美，职业体育联盟作为现代体育成熟的组织形式，主要在于其经济管理方面的合理性，是一种“典型的商业克特尔”。职业体育联盟属于行业组织，有其特殊的组织形式，这一独特的组织形式与世界上职业体育奇迹般发展

① 卢先吾. 全民健身大全. 北京：人民体育出版社，1996.
② 陈林祥. 摘译自美国体育管理学教材. 体育筹资. 国外体育动态，2000.
③ 一风著. 美国人看中国体育产业. 体育博览，2003.7.
④ 田军. 透视美国体育产业. 体育博览，2004.2.30-31.

有密切的关系。从各个单项体育来看，拥有强有力的职业体育联盟是此单项取得巨大发展的前提。联盟是能够生产产品的最基本的经济单位，他们类似于拥有分支机构的公司，球队就相当于这家公司的分支机构。所以本论文在对北美职业体育的研究中，将研究的视角集中在职业体育联盟的层面上——北美四大职业体育联盟。

一、北美四大职业体育联盟发展历程的启示

英国是现代体育与职业体育的摇篮，大部分现代体育项目可以追溯到这里。我们在研究北美职业体育之前，应从英国最初的业余体育俱乐部开始。18 世纪中叶，当时英国贵族们开始筹建乐部，其目的是为俱乐部成员提供娱乐服务。19 世纪，其俱乐部之间产生了竞争与合作，开始制定规章制度，组织竞赛。1750 年英国纽马克特的一些贵族成立了赛马俱乐部，这是最早期的英国业余体部的雏形，它的运行模式对以后英国业余板球、足球、橄榄球俱乐部产生了深刻的影响。美国是北美四大职业体育联盟诞生和成长的基地。美国在 17、18 世纪曾是英国的殖民地，“18 世纪末，美国的工业开始启动，但直到 19 世纪初，美国仍然是一个农业国，95%的人口生活在农村”。

在美国，早期业余体育俱乐部既不对观众收费，也不给球员任何报酬，奉行业余体育原则，但是商业化很快就对业余体育俱乐部产生了影响。在 1858 年，美国棒球运动也开始了职业化，一些棒球俱乐部建造封闭的赛场，把对观看比赛收门票的做法称为“圈地运动”，它开创了美国棒球历史的新纪元，并成为美国职业体育的先驱。至今四大联盟虽然每个联盟约有 30 个队伍，但在四十年前每个联盟却只有 10 支左右(图 3)。可以说北美四大职业体育联盟经历了缓慢的发展历程。

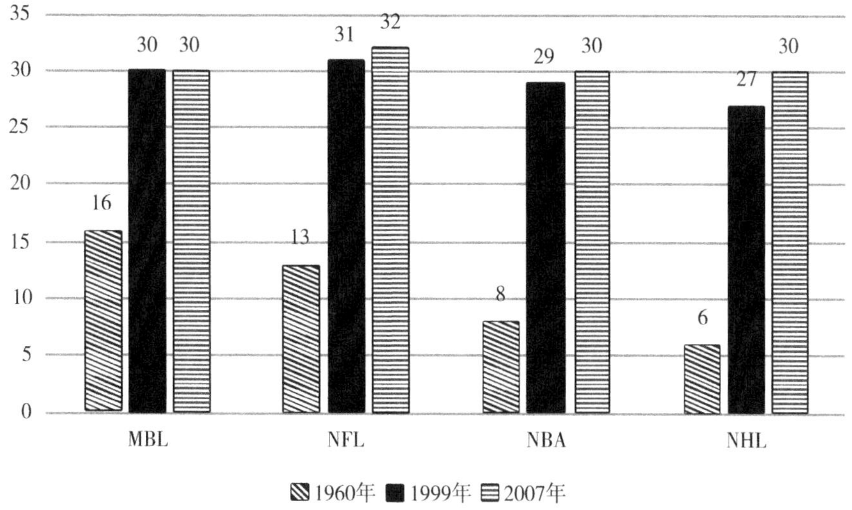

图 3　北美四大职业体育联盟球队数量扩张情况

(一)北美职业棒球

美国第一支完全职业运动队是成立于 1869 年的辛辛那提红袜棒球队,因此棒球运动被誉为美国发展最早的职业运动。1871 年,国家职业棒球运动员协会(NAPBBP)成立。它受运动员的控制,由运动员组建球队、决定运动员的工资和制定比赛时间表。① 当时联盟的俱乐部主要依靠投资者维持经济来源,联赛管理水平较低,各俱乐部实力悬殊,运动员控制着联赛。五年后,由现今的国家联盟(NL)接手,标志美国职业棒球俱乐部联赛正式开始。

1876 年由威廉·赫伯特发起创建了有 8 支球队的国家联盟,从而替代问题重重的运动员控制的国家协会。国家联盟开创了职业体育联盟的先河,其他体育项目也都遵循这种模式,因为它是一个老板控制的联盟,

① 伯尼帕克豪斯,秦椿林等译. 体育管理学—基础与应用[M]. 清华大学出版社(第 3 版)P365,2003.

运动员都是雇员。[①] 联盟为了维护俱乐部经济上的稳定与健康发展采取以下措施:“联盟成员限定为 8 个,只接收地处不少于 75000 人以上的城市且经济状况良好的俱乐部,将成员俱乐部限制在当时美国最大的 24 个城市中;每个成员俱乐部具有指定的活动区域,并享有垄断权,其他成员俱乐部不得介入;联赛的 60 场比赛有了固定的日程安排;俱乐部与运动员签订工作合同,并遵守合同条款;球员必须遵守联赛纪律,禁止赛场售酒、赌博等行为等等”。全美职业棒球联盟成为以后美国各职业体育项目运作的基本模式,棒球很快成为社会公众欢迎的职业体育项目。[②] 伴随着职业棒球的发展,1879 年联盟引进保留条款(如果运动员在赛季结束时不同意合同,这个运动员将被以目前的工资保留到下一个赛季),有效地限制了运动员流动。1889 年制定的工资封顶制度给运动员工资限制为 2500 美元(Helyar,1994)。

目前大联盟另一个支柱——美国联盟(American League,简称 AL)成立于 1901 年。它是由一个名叫西部联盟的小联盟搬到了东部,改名为美国联盟,与全国联盟在运动员和观众方面展开争夺。美国联盟没有工资封顶,也不承认全国联盟的保留条款,且它开始向全国联盟的优秀运动员提供较高工资,两个联盟在 1902 年请求法院调解,之后合并为一个较大联盟,每个联盟都将遵守保留条款,成立全国委员会,由各联盟总裁及双方认可的人员组成,这一机构监督职业棒球运动长达 17 年之久。[③]

目前美国职业棒球大联盟有 30 支球队,由国家联盟和美国联盟组成。其中国家联盟有 16 支球队,美国联盟 14 支球队,两个联盟同时又分为东部、中部西部三个赛区。职业棒球大联盟中有来自加拿大的蒙特利尔博览会队和多伦多蓝鸟队,其余均为美国本土球队。

---

① 张林. 职业体育俱乐部发展沿革. 西安体育学院学报,2001 第 18 卷第 3 期.

② 沙莉 · P. 马思特瑞乐克斯 · 卡罗 · A. 巴尔 · 玛丽 · A. 汉姆斯文等著. 美国体育管理理论与实践.

③ 伯尼帕克豪斯,秦椿林,等译. 体育管理学—基础与应用[M]. 清华大学出版社(第 3 版)P365,,2003.

（二）北美职业橄榄球

NFL 是美国职业体育联盟里球迷人数、经济效益、社会影响排名第一的职业体育联盟。超级碗是 NFL 的冠军决赛，它是美国历史上收视率最高的节目之一。目前 NFL 拥有 32 个球队被分为两大联合会：美国职业橄榄球联合会（AFC）和国家橄榄球联合会（NFC）。每个联合会有 16 支队伍，分为东、南、西、北四个赛区。

在 1920 年芝加哥熊队的老板 Halas 组织成立了美国职业橄榄球协会（APFA）。1922 年建立了国家橄榄球联盟（NFL），很快超过了美国职业橄榄球协会。然而由于联盟参与权和竞争的缺乏导致戴维斯在 1960 年建立 NFL 的竞争对手——美国橄榄球联盟（AFL）。AFL 和 NFL 的竞争促使两个联盟的利润逐渐减少，最终 1970 年两个联盟合并，拥有 26 支球队。由于匹兹堡炼钢者队和达拉斯牛仔队等有活力的新队加盟，从 20 世纪 70 年开始越来越受欢迎。1982 年罗泽尔在与 3 家主要电视新闻的谈判中，谈成一个里程碑式的 5 年期、价值 21 亿美元的电视转播权合同，把体育带到 10 位数字的收入。2002 年 NFL 将 NFC 和 AFC 重新结盟，分为 8 个区，每个区 4 支球队。NFL 目前拥有 32 个球队，分布于 31 个城市。国家橄榄球联盟比赛是美国吸引观众最多的体育比赛，其电视转播收入在四大联盟中也是最高的。其在 1998 年签订的为期 8 年与 FOX、CBS、EPSN、ABC 的电视转播合同总价值 176 亿美元。目前 NFL 已经建立了世界橄榄球联赛，并资助英国的一个橄榄球联赛[①]，并计划在一些国家陆续推广腰旗式橄榄球。

① 杰 & 科克利. 体育社会学[M]. 管兵，等，北京：清华大学出版社，2003：461. .

(三)北美职业篮球

北美最早的职业篮球联盟成立于1896年——国家篮球联盟(NBL)。但当时篮球规则还不完善,组织机构也不健全,经常一名队员在一个赛季中可以代表几个队参赛, 经过几个赛季后,该组织就名存实亡了。二战后美国职业篮球得到迅速发展,1946年4月6日“美国篮球协会(BAA)”成立。1949年BAA和NBL合并为NBA。NBA起初拥有17支球队,分为三个赛区。自1954—1955年赛季起,NBA经过市场的自然淘汰只剩下东部联盟和西部联盟两大赛区,其中,东部联盟又分大西洋区、中区;西部联盟又分中西区、太平洋区。

在NBA赛制上,1952年,NBA为了限制第一中锋迈肯的得分能力,将篮下3秒禁区宽度由原来的6英尺扩大到12英尺。到了60年代,由于另一位超级中锋张伯伦的出现,NBA又将禁区宽度扩大到16英尺。由于NBA的球队在比分领先时常采用拖延战术,使比赛不能吸引观众,从1954—1955年赛季起,NBA开始实行24秒制,即每队每次进攻不得超过24秒。

20世纪60年代,由于NBA受欢迎程度的大大提高及媒体的介入,NBA营利能力显著提高。NBA成功吸引了新的竞争者,1961年设立的美国篮球联盟(ABL),但是第二赛季中期,因组织问题和无法取信于观众而解散。另一个影响较大的联盟是美国篮球协会(ABA),它成立于1967年,是一个充满创新精神的联盟,乔治·迈肯任第一位主席。ABA采用红、白、蓝三色篮球,并实行远投三分制,每年还举办扣篮大赛。这些措施在NBA是不允许的。在发展中篮球的竞争实力不断提高。NBA与ABA在长达9年的竞争中,极大地提高了球员的工资,双方都蒙受很大损失。二者于1976年合并,NBA与ABA建立了新的垄断均衡。但在20世纪80年代曾一度遭受药物、球场暴力、种族歧视的干扰,市场的发展遭到阻碍。但伴随约翰逊、伯德、乔丹等令人兴奋的新星出现,NBA得以复苏。

20 世纪 80 年代后，NBA 提出了全球战略的扩张目标。其总裁大卫·斯特恩曾把自己的战略分为转播 NBA 比赛、组建梦之队和向全球招募球员等几个阶段。这几个阶段的成功完成为其全球扩张战略奠定了基础。1995 年增加多伦多猛龙队和温哥华灰熊队（后改名为孟菲斯灰熊队）两支加拿大的球队，1996 年联盟创立女子 NBA，即 WNBA。NBA 总部设在纽约，目前已在日内瓦设立欧洲分公司，在美国迈阿密设立拉丁美洲公司，在香港设立亚洲分公司。此外，NBA 在日本和伦敦等 13 处设立海外办事处机构，NBA 的品牌效应与巨大的无形资产在全球已经家喻户晓。

（四）北美职业冰球

1877 年第一部冰球规则出现，那时在加拿大的蒙特利尔、魁北克等地冰球已经非常盛行。1988 年北美第一个冰球联盟成立——加拿大业余冰球协会。当时蒙特利尔有四支球队，渥太华有一支，魁北克有一支。在历史上加拿大和美国地区出现过很多冰球联盟。1917 年新的联盟——国家冰球联盟在蒙特利尔成立。不过当时的国家联盟不是今天的国家冰球联盟（NHL）。虽然名字一样，但是那时只是区域联盟。NHL 的发展史上有几次大充军行动，一次是在 1967—1968 年，当时有 6 支队伍参加，NHL 一下发展到 12 支队伍。而这时候的 NHL 仍然是一个扩大了区域的区域联赛。在西部地区还有 WHA，当时大家实力相当，不过它又不同于棒球界的国家联盟（NL）和美国联盟（AL）。因为，毕竟国家联盟和美国联盟在斯坦利杯的比赛上还是有交手的。1979—1980 年 WHA 由于财政不足退出舞台。NHL 与世界冰球协会（WHA）合并，并且吸纳了尚存的 WHA 的四支球队。此时 NHL 才真正整合了北美冰球世界，现在国家冰球联盟已经发展到 30 支队伍。

(五)小结

由于文化理念的偏差,起初由上层社会的体育爱好者组建的俱乐部均以失败而告终。北美职业体育在随后一百余年的沿革与发展中,北美四大职业体育均建立了联盟组织,而联盟的发展演变中大致都经历了完全竞争、垄断竞争、寡头竞争、卡特尔这四种市场结构的演化,在发展中职业体育联盟制度越来越完善、机制越来越健全,以至于北美职业体育取得了巨大的成功,最后在北美联盟成为职业体育发展的一种基本模式。笔者认为北美职业体育的成功应归功于职业体育联盟的建立,由于北美地区成熟的市场体制,为职业体育的发展创造了良好的外围环境。

二、北美职业体育建立联盟模式的启示

(一)建立联盟适应了北美市场经济的自由选择

我们可以通过北美四大职业体育联盟的形成过程来说明成立统一的市场垄断型职业体育联盟的必要性。在北美职业橄榄球方面,1920 年美国第一个橄榄球联盟——美国职业橄榄球联合会(APFA)成立,1921 年倒闭;美国橄榄球联盟,1926 年成立,1927 倒闭;又一个美国橄榄球联盟 1936 成立,1937 倒闭;全美橄榄球协会,1946 年成立,1949 年倒闭;美国橄榄球联盟(AFL)1960 年成立,1966 年国家橄榄球联盟(NFL)和美国橄榄球联盟(AFL)合并,1970 年开始联合组织比赛;世界橄榄球联盟(WFL)1974 年成立,1975 年倒闭;美利坚橄榄球联盟(USFL)1983 年成立,1986 年倒闭。由此可见,“美国早期成立的橄榄球联盟组织都不稳定,大多数球队都在为生存而奋斗,球队的进进出出,给联盟的规章制度

敲响了警钟，球队明白：如果没有一群稳定的竞争对手，它们就无法生存。即使财政状况最好的那些球队也明白：它们的长远的财政成功依赖于对财政最糟的球队的支援”。其他联盟也如此，北美的职业棒球也经历了这样一个过程。“根据史料记载，在1876至1900年期间，美国29家职业棒球俱乐部中有21家因经济原因而倒闭。”①

从北美职业体育的发展历程看，北美四大职业体育联盟是在一百余年的发展过程中，不断选择、试错和检验，最终结果证明了建立市场垄断型职业体育联盟对职业体育产业的稳定发展十分必要。

（二）建立联盟有利于职业体育产品的更好生产

职业体育的产品是由联赛中各俱乐部共同合作产生的，并非一己之力。联赛各俱乐部既需要相互依赖、合作生产，又必须保持各自的独立性。关于职业体育的产品，观众主要希望购买的是比赛的精彩过程和不确定性的赛事结果，而为了保证比赛精彩激烈，就必须保证俱乐部竞争实力的均衡，而资源的不均衡分配会影响俱乐部竞争实力的均衡。因此，联盟需要将俱乐部之间的市场关系内部化，通过制定一定的规则，平衡各种资源在各俱乐部中的分配，避免俱乐部之间的竞争实力的差距被拉大，造成比赛结果不确定性的降低，用内部管理的方式来协调各俱乐部的活动。同时还要保持各俱乐部的独立性。以上这些职业体育产业的特点决定了职业体育联盟这种中间性规制结构是一种必然选择。只有建立联盟才能有更好的竞赛产品生产，才能更好地满足观众欣赏精彩比赛的需要，才能实现各俱乐部生存和发展的目标。

---

① 夏普·雷吉斯特，格里米斯著. 社会问题经济学[M]. 北京. 中国人民大学出版社. 2000，236-237.

(三)建立联盟有利于降低俱乐部之间的交易成本

交易成本(Transaction Costs)又称交易费用,最早由美国经济学家罗纳德·科斯提出。交易费用理论指出,企业—中间性组织—市场是三种不同的资源配置的制度。1985年威廉姆森(Williamson)将交易成本加以整理区分为事前的交易成本(签约、谈判、保障契约等成本)、事后的交易成本(契约不能适应所导致的成本)两大类。北美职业体育联盟作为中间性规制结构的组织,其既能实现长期稳定的合作关系,又可以避免各俱乐部之间协调成本的增加。

基于交易成本的北美职业体育联盟的理论分析。从交易成本类型看看,首先联盟的建立将有效促成职业体育商品与交易对象信息的搜集,以及降低其交易信息进行信息交换所需要的成本。其次联盟的建立大大降低联赛运动签约成本、讨价还价成本以及联赛保障协约的成本等。最后联盟的建立还能监督交易进行成本,监督交易对象是否依照契约内容进行交易的成本,例如工资帽、奢侈税、选秀等,以及监督违约时所需付出的事后成本。从交易成本发生的原因看,联盟的建立可以在一定程度上避免由于人性因素与交易环境因素互相影响下所产生的市场失灵现象,造成交易困难所致。例如为使职业体育环境的不确定性与复杂性得以控制,交易双方均将这些不确定性与复杂性纳入联盟协约中,使得交易过程减少协约时的议价成本等。但联盟在收入分享制度中显示出其并非万能,面对投机主义联盟也无能为力,只能考虑联盟利益最大化。从交易成本的特征看,第一从交易商品与资产的专属性(asset specificity)看,企业之间趋于以战略联盟替代市场机制以稳定交易关系,降低交易费用;第二从交易的不确定性(uncertainty)看,建立战略联盟,可充分利用联盟组织的稳定性抵消外部市场环境中的不确定性,进而减少由不确定性引致的交易费用;第三从交易的频率(frequency of transaction)看,交易频率是通过影响相对的交易费用而决定交易合约和制度安排的选择,这类与交易发生的频率有关的联盟常常发生在有纵向联系的制造企业和经销商、供应商之间,向联系的制造企业和经销商、供应商之间,这些处于上下游的企业之间由于存在较高的交易频率,因此应建立供销联盟来稳定交易关系,节约交易费用。

总而言之,职业体育联盟都是一种能节约交易成本的、介于市场和企业之间的中间制度安排,它既克服了市场和企业的缺陷,又有效利用了市场和企业所具有的优势和长处。所以自从职业体育联盟出现并取得成功之后,被各国纷纷采用,展现了巨大的生命力。

(四)建立联盟模式有利于各俱乐部实现合作博弈

博弈论,又名"对策论"或"游戏论",是一门研究博弈中局中人各自所选策略的科学。① 因为职业体育俱乐部之间需要互相依赖才能够生存发展,因此,"这也决定了职业运动俱乐部的经济决策与其竞争对手的经济决策具有内在的相互依赖性"②。"非零和博弈"与"合作博弈"的理论为我们分析职业体育联盟形成的原因带来重大的启示。从博弈论的观点来看,在自由竞争条件下,职业体育俱乐部之间的博弈,表现为"非合作性博弈"③,在这种非合作性博弈过程中,对于作为有限理性的博弈者(职业体育俱乐部)来说,都会采取"占优战略"。所谓"占优战略,即无论其他博弈者采用何种战略,该博弈者的战略总是最好的"④。因为在职业体育中,虽然职业体育联盟是为了共同合作而成立的联合体,但是联盟中各

---

① 杨慧慧. 战略联盟及其支撑理论研究[J]科技情报开发与经济,2004 年 9 月.

② 夏普·雷吉斯特·格里米斯著. 社会问题经济学北京. 中国人民大学出版社,2000. P236.

③ 保罗· 萨缪尔森. 威廉·诺德豪斯. 著. 萧琛,等译. 经济学. 华夏出版社,麦格尔! 希尔出版公司,北京. 1999 年版. 162-165. "非合作性博弈"是指在博弈方之间在没有达成任何有约束力的协议条件下的博弈.

④ 保罗·萨缪尔森. 威廉· 诺德豪斯. 著. 萧琛,等译. 经济学. 华夏出版社,麦格尔! 希尔出版公司,北京. 1999 年版. 162.

俱乐部都是作为独立的经济实体而存在的,都有自己独特运作的模式,客观上会追求对自己最有利的交易,这种组织制度安排的本身就暗藏了不确定性和机会主义的非合作博弈可能性。为的是非合作博弈转变为合作博弈,就需要一个完备的、合法的协约来防止非合作博弈的发生。职业体育联盟的协约不同于法律或经济学上所指的交易者达成的协约,这种协约除了具备事前威慑和事后惩罚的作用外,还要具备组织的内在激励效应。由于联盟内部成员的自利行为,每个成员都可能将潜在的违约带来的效益与违约受到的惩罚力度进行对比,若遵守的协约的收益比违约的潜在收益高,那么联盟成员将会遵守协约。

非合作博弈强调的是个体理性,虽然个体理性的结果有时是有效率的,但更多时候是无效的,甚至是负面的,例如各俱乐部都从自身利益出发单独出售电视转播权,短期来看,表现欠佳的运动队要出售他们的比赛转播协议是非常困难或不可能的。在这种情况下,当一些运动队成功地出售转播权从而取得丰厚的利润并能雇用最好的运动员,那么联赛的激烈程度会大大下降。从长远来看,不太成功的俱乐部将被迫关闭,联盟的成员运动队将越来越少。这种结果是所有俱乐部都不希望得到的。而合作博弈强调的是整体理性,合作博弈一般是有效率的。如果各俱乐部合作,即采取某种利他主义的合作规则,则有可能实现整体最优的局面。其原因就在于博弈双方都在采用占优战略,结果就会出现次优的结果,因此,博弈双方竞争的结果就是双方收益都减少,这显然不符合博弈双方追求自身利益最大化的要求。多个博弈者共同博弈也符合这个道理,这说明俱乐部在完全竞争市场(或近似完全竞争市场)中竞争时,各俱乐部的收益往往都会减少。而博弈者采用“合作博弈”时,各职业体育俱乐部收益往往可以达到最大化。

因此,依据上述理论,为了实现俱乐部的共生性,避免职业体育俱乐部之间在市场上完全自由竞争,造成职业体育俱乐部之间两极分化,最终导致职业体育产业惨淡经营的局面出现,就必须建立“市场垄断型职业体育联盟”,即由各职业体育俱乐部自行组成的一个既独立于政府之外同时又受政府政策调控的俱乐部联合体来负责组织、管理和经营职业体育联赛的管理模式。由联盟统一制定竞争规则,约束会员俱乐部之间的恶性竞争行为。美国体育经济学家迈克尔·利兹等人认为:“联盟生来就是合作共同体。在某个层面上,球队是那些自身成功建立在对方失败之上的竞争者。在另一个层面上,每个球队的成功依赖于联盟中其他球队的成功以及作为一个机构的联盟的成功。就像杰拉尔德·斯卡利(Gerald Scully)指出的那样,竞争行为的目标是最大化联盟中球队的综合财富。这就是说,联盟力图通过最大化收入和控制成本来最大化他们的财富。”①

时至今日,职业体育联盟不仅在北美地区得到重视,同时也盛行于西方发达国家,比如,英国、意大利、德国等国家的职业体育产业的核心组织都是职业体育联盟。另外日本、韩国等一些亚洲经济发达国家的职业体育产业的核心组织也是市场垄断型职业体育联盟,这有力地说明了这种制度安排对职业体育产业发展的必要性和重要性。

三、北美职业体育联盟组织管理的成功启示

(一)北美职业体育联盟的组织结构

“北美职业体育联盟”是指由所有的俱乐部业主或代表组成的执行委员会,它采用投票制度对涉及俱乐部或联盟的重大事情作出决策。北美的职业体育联盟具有现代公司制度特征,董事会、监事会、经理层组成其基本组织框架。因为它是由俱乐部业主自行管理的自组织,它独立于

① 迈克尔·利兹,彼得·冯·阿尔门著.杨玉明,蒋建平,王琳译.体育经济学.北京.清华大学出版社,2003.P88.

政府之外,因此,这里称之为“市场垄断型职业体育联盟”。从经济学的角度讲,它又被称为“卡特尔”。所谓“卡特尔,是一个企业,它为了实现联合利润最大化,在协调其生产和定价决策方面达成正式协议。因此,卡特尔可以看作是其行为就像一个企业那样的企业集团,共享垄断”[①]。它的目标是通过控制资源市场、产量和提高价格(相对于竞争性市场而言),增加联盟所有成员的联合利润,通过分享销售产品获得的联合利润,确保每一个成员通过减少成员之间的竞争而确保一个充足的市场份额,确保会员俱乐部经久不衰,其本质是形成一种市场垄断。

职业体育联盟是联盟俱乐部合作经营组织,各俱乐部通过协约,将部分权力委托联盟统一实施。各俱乐部业主是所有者,运动员是主要的雇员。在联盟,董事会是所有者,他们一般由各俱乐部业主组成,其会员代表大会是最高权力机构。总裁和各职能部门工作人员属于管理层,同样隶属于联盟雇员。运动员属于技术层次雇员,运动员工会属于联盟内代表运动员利益的组织,代表运动员和联盟董事会进行劳资谈判,通过谈判制定集体协议。

职业联盟的最高权力机构的会员代表大会,负责日常事务的权力机构是执行委员会,执委会一般由各职业队的业主组成,负责重大问题的决策,包括选择受委托的管理专家,即职业联盟的总经理(或称总裁)。执委会的主要职责和任务是:“(1)监督和审议财政预算;(2)任免和评估执行官的工作;(3)为联盟制定战略规划;(4)确定联盟的中心问题;(5)代表联盟处理有关重要问题和事件;(6)受理和审议诉讼;(7)召开代表大会;(8)授权立法表决和投票;(9)确定职业队的数量及其合理分布;(10)决定运动员的合理分配和流动;(11)确定比赛规则,决定比赛日程;(12)与全国性的电视媒体谈判,出售电视转播权并分享收入;(13)处理与商业活动有关的事务,全面负责经营活动;(14)和运动员工会进行劳资

---

① 夏普,雷吉斯特,格里米斯著. 社会问题经济学. 北京. 中国人民大学出版社,2000. P236.

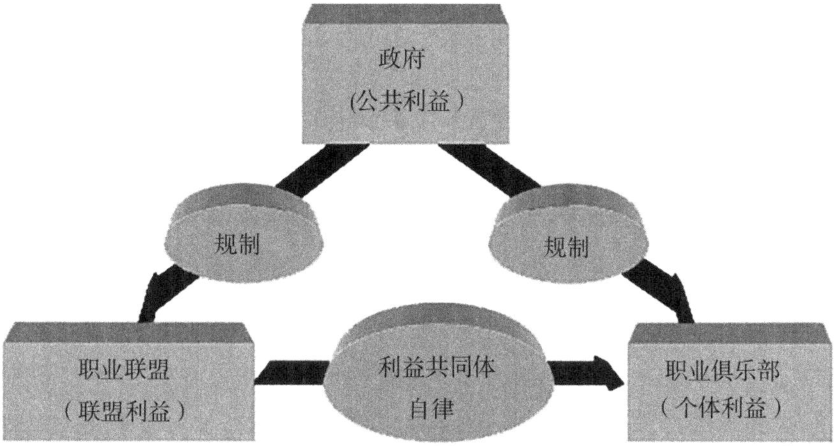

图4 北美职业体育联盟组织结构

谈判。①"

由图4说明,职业体育俱乐部和职业体育联盟是一个利益整体。在北美职业体育管理中,政府不直接介入职业体育产业经营,国家奥委会和单项运动协会与职业体育联盟也没有直接的行政隶属关系,它们也不参与职业体育联盟的经营和管理。它们的主要职能是负责组织参加国际性比赛活动,制定有关方针政策法规等,并对职业联盟的工作进行间接指导、监督和检查。

下面我们以美国职业篮球联盟(NBA)为例说明其组织结构。它设有董事会,NBA的董事会由29个俱乐部最大投资者组成,这样就使得一个联盟与俱乐部的利益一体化,从而最大限度地保证了各个俱乐部的利益。由董事会聘请公司总裁。目前,美国NBA的总裁是大卫·斯特恩,虽然他有很大权力,但他毕竟不是最高权力者,最高权力者是董事会的29位俱乐部的投资者,斯特恩只是一个高级打工者,代表他们管理和经营篮球职业联盟,董事会有权按合同解除他的职务。

美国的职业篮球联盟由两大部分组成,一部分是NBA管理机构,一部分是29支职业篮球俱乐部。在管理机构中,又分为联盟管理部、资产

① 凌平.美国职业体育管理体制初探[J].体育与科学,2003第24卷第1期.

公司、娱乐公司和女子职业篮球联盟(WNBA)以及NBA下属的职业篮球组织(NBDL)。联盟管理部是一个负责有关联盟经营事务的机构,它下属部门有行政管理、新闻广播、事务协调、编辑、人员信息资源、法律、球员计划、公共关系安全、特别项目和经营等部门。而NBA资产公司主要负责NBA产品的营销和市场开发,它下属有消费产品、财政、国际、法律和推销等部门。NBA娱乐公司主要负责NBA电视影像节目和图片以及网页的制作和发售。它下属有制作、经营、计划、国际电视、法律事务和图片等部门。而WNBA和NBDL都属于NBA下属的职业篮球组织。目前,NBA管理机构中,共有职员约1000人。美国的职业篮球联盟组织结构如图5所示:

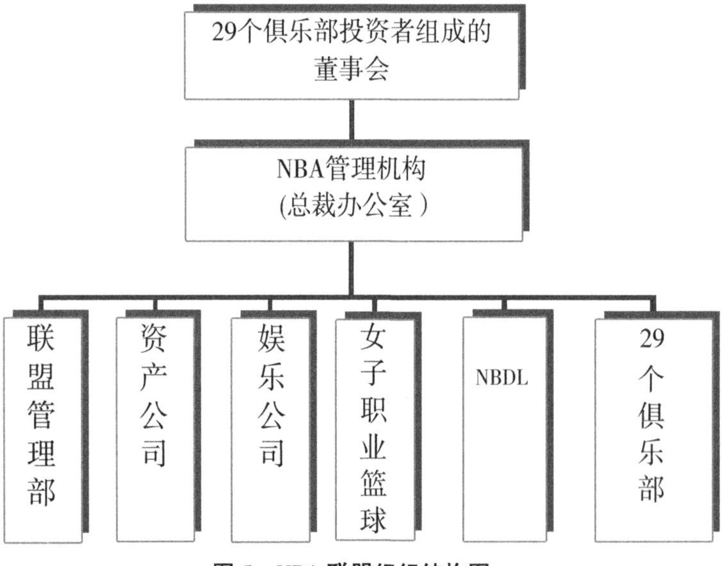

图5 NBA联盟组织结构图

(引自:刘庄著.通过对NBA发展历程的分析看现代职业篮球联盟运作和管理发展趋势)

(二)北美职业体育联盟的管理制度

新制度经济学认为,制度是限制人们的行为并将其努力导入特定渠道的正式与非正式规则及其实施机制。而制度安排则是制度的具体化。

制度至关重要,它是决定一个社会经济绩效的最重要的因素。因为人们的交易行为总是在一定的制度安排下进行的。不同的制度结构和组织安排,对人们的交易行为的影响是不同的,从而对于经济的运行绩效也会产生不同的影响。北美职业体育联盟内部制度较为完善,大致可分为,运动项目管理规则、俱乐部管理制度、联盟运动员的规则。

1. 联盟中运动项目管理规则

职业体育的核心产品是竞赛。北美职业体育联盟成功的基础就是建立了一套广为接受的规则。运动项目规则统一程度越高,越能保证在更广范围内开展比赛。它不仅为比赛提高一个共同的模式,还可使比赛更具观赏性,增加观众兴趣。如 NBA 规定进攻时间 24 秒的限制,加快比赛节奏,提高了观赏性等。

联盟为维护运动项目形象,都采取过一系列措施。1890 年,国家联盟试图通过驱逐供应啤酒的辛辛那提红袜队,来展示联盟的完美形象。NHL 和 NFL 对主场球迷过于喧闹来干扰客场球队比赛的行为,规则都曾对主场球队采取过处罚。同时联盟可以将那些不遵守规则的运动员或球队驱逐出去。MLB 还专门有对联盟总裁的授权,总裁可以在为了体育最高利益的名义下,处罚联盟中运动员或俱乐部有损体育运动精神的行为。

2. 联盟针对俱乐部的制度

(1)限制进入

是指联盟对俱乐部数量的要求是有限制的。在北美,通过两种途径可以拥有联盟内的俱乐部。一种是购买联盟内已特许经营的俱乐部。这需要支付俱乐部价值和前期投资成本;另一种是购买联盟扩张球队,需要支付给联盟现有的俱乐部入会费,取得和他们比赛竞争的权力。联盟吸纳新的球队对现有成员既有收益也有损失。收益是指,联盟可以得到一笔入会费;损失是,球队必须参与又一个新成员的收入分享。

(2)收入分享

收入分享是为实现联盟的俱乐部财政实力相当,确保竞赛平衡的主要手段。俱乐部收入主要来自门票销售和电视转播费，主要成本是运动员工资、场地租赁和建设费用、管理费用。[①] 观众人数主要决定市场（城市）规模和俱乐部比赛以往记录（Noll，1974）。既然俱乐部都是位于特定城市中，所以所在城市和联盟的收入分配制度就决定了俱乐部的收入。北美四大职业体育联盟中，篮球和冰球中主场球队将得到所有的门票收入；棒球门票收入在主客场球队之间的分配大致是 85 ∶ 15（NL 是 90 ∶ 10，AL 是 85 ∶ 15）；橄榄球的比例大约是 60 ∶ 40。全国范围的电视转播权收入在四大联盟的各个俱乐部都是平均分配的。

（3）选秀制度

追溯到 1934 年，当时两支 NFL 球队——老布鲁克林道奇和费城鹰队，为争夺明尼苏达大学的全美运动员可斯诺克而相互竞标，竟然把工资推向令人质疑的 5000 美元。为了解决这一难题，费城鹰队业主贝尔提出一个独特的方法，即差的球队有先选择的机会。业余运动员选秀绝大程度上根据前赛季名次的逆序进行，给名次靠后的俱乐部优先选人的机会。联盟设置这一政策的目的是增强竞争平衡。

（4）工资帽与奢侈税

工资帽与奢侈税既是联盟针对俱乐部的行为，也是联盟针对运动员的行为。工资帽首先是作为 NBA 中自由代理的平衡物于 20 世纪 80 年代出现的。NBA 和 NFL 有工资帽的规定，MLB 和 NHL 没有。工资帽有软帽和硬帽之分。NFL 的工资帽是硬帽——没有任何理由可让俱乐部薪水册的数额超过最高限额。NBA 的工资帽是软帽——俱乐部可以在某些情况下超过最高限额的规定。例如在 NBA，工资帽是最著名工资限制条款，每年的“工资帽”是根据 NBA 前一年的总收入，然后取这个总收入的 48%作为 NBA 球队工资总额。再拿这 48%的总收入除以 NBA 球队总数 29 支球队，得出的平均数就是当年的“工资帽”，球队花在球员身上的

---

① Scully G. *Economics of sports. International Encyclopedia of the Social & Behavioral Sciences*. 2001.

工资总额不得超过这个数字。工资帽对俱乐部可以支付给运动员工资的最高数额作出限制,据说有利于保持联盟的竞争平衡。如果没有工资帽,富有实力的俱乐部可能将联盟自由转会运动员全部买走。通过表1显示,NBA在工资帽的限制下联盟运动员工资趋于稳定的态势。

表1　NBA工资帽

单位:百万美元

赛季	工资帽
1999—2000年	34.0
2000—2001年	35.5
2001—2002年	42.5
2002—2003年	40.271
2003—2004年	43.84
2004—2005年	43.87
2005—2006年	49.5
2006—2007年	53.135
2007—2008年	55.630
2008—2009年	58.680

奢侈税(Luxury tax)顾名思义,如果你的消费属于奢侈,就要向你征收奢侈税了。以NBA为奢侈税的征收和分配为例,附带协约规定(escrow system)用来保证运动员的总工资不得超过篮球相关收入(BRI)的指定比例,如果运动员的工资超过了指定比例,他们的部分工资(不超过10%)就要归还业主。但是,当运动员工资过高,附带协约规定不能将联盟范围内工资控制在指定范围内时,部分俱乐部就要向联盟纳税,就是所谓奢侈税。当联盟范围内运动员工资和津贴超过61.1%(2004—2005年是63.33%)时,奢侈税机制就被触发。为了不使俱乐部最终的运动员工资数额刚刚超过奢侈税限制,联盟有一个"预警规定"(Cliff Provision),预警的上限是BRI的65%。预警规定在决定联盟奢侈税的分配中被应用。联盟奢侈税的分配是这样的:低于奢侈税上限的球队可以分享完全

份额的1/29,高于预警规定上限的球队得不到任何联盟奢侈税资金;超过奢侈税上限但低于预警上限的球队获得的金额介于0美元到完全份额之间,要根据其在奢侈税上限和预警上限之间的比例决定。但不是所有联盟奢侈税资金都按照上述公式来分配的。

3. 联盟对运动员的规定

(1)保留条款

职业棒球的早期,运动员在各个球队之间自由签约,有时候在赛季中途毁约另谋高就,但国家棒球联盟代替运动员主导的协会之后,一切发生了改变。随着全国联盟的成立,每个业主保留了这个权利:只要他觉得需要,他可以让五个运动员一直为他服务。到1889年,保留运动员的系统扩展到整个联盟,并且被设定为标准运动员合同条款。保留条款允许球队保留这个权利要求运动员服满合同,另加额外一年时间。每一份运动员合同都包括这样的条款:"……除了可以支付给运动员的额度满足俱乐部所说的注意事项外,俱乐部应该有权以相同条款维持此合同一年。"其他联盟看到保留条款在降低成本方面的价值,也把这个条款复制到他们的合同中。

(2)自由转会

保留条款减少了运动员的流动自由,成为事实上的工资限制机制,从一开始就遭到运动员的反对。从20世纪70年代开始,四大联盟的运动员通过削弱保留条款或完全推翻它,开始赢得流动自由,现在四大联盟运动员全都拥有某种形式的自由转会权利。四大职业联盟对自由代理的限定有所不同。四大联盟中一名运动员在MLB需要服务6年,在NFL需要服务4年,在NBA需要服务5年,在NHL需要服务4年才能成为自由转会的运动员。运动员在实行自由转会后工资迅速增长,MBL运动员平均工资在1975年是4.4676万美元,1977年是11.7558万美元,2002年增长到238万美元。[1]

(3)集体议价

代表俱乐部业主利益的联盟和代表运动员利益的协会进行谈判，签署集体议价协议(CBA)，是北美职业体育联盟的重要活动。集体议价协议确定运动员转会的规则、联盟选秀程序、确定运动员工资水平、运动员转会规则，以及工资帽的相关事宜等近百条涉及栏目运行的规定。其中最主要的是确定运动员工资在联盟收入中所占的比例。

(三)北美职业体育联盟组织特征

北美职业体育联盟是北美职业体育产业发展的应然模式，首先它是依据职业体育产业竞赛产品生产过程的特点——比赛双方的相互竞争与相互依存，以及依据职业体育产业的独特性——职业体育俱乐部之间的“共生性”，就决定了俱乐部之间只有建立一种特殊的联合组织来进行生产经营，并且这种组织能够控制各个俱乐部之间的竞争规则，保持竞争的均衡状态，从而使各个俱乐部能够稳定地生存与发展，达到共生目的，最终保证生产出高质量的竞赛产品，这种特殊的联合组织就是职业体育联盟，其实质是俱乐部利益统一体，具体表现为垄断经营的企业组织，其理论依据是垄断经济学原理。它在北美市场经济中经历百余年的洗礼，经历了有诞生——崩溃，再次诞生——沿革——壮大的反复过程。北美职业体育联盟作为一种中间性组织，其联盟具有以下特征：

1. 北美职业体育联盟的松散性

职业体育联盟是介于企业与市场之间的一种“中间组织”，市场关系是一组复杂的交易关系，在市场网络中存在着一些紧密型合作的非交易关系，如持股和长期合同，因此企业与市场并非完全隔离，他们之间存在

---

① Andrew Zimbalist. *The End of Basketball As, We Know It: The Players Union*, 1960—81. Business History Review; Spring 2003; 77. 1. 158.

着一系列相互融合的“中间组织”，企业有意识的内部协调与市场上“看不见的手”的价格机制可以同时在企业间起作用。联盟内部交易既非市场的，因为交易的进行并不完全依赖于市场价格机制；也非企业的，因为交易的组织也不完全依赖于某一企业的治理结构。联盟的形成模糊了企业与市场的界限。

职业体育联盟作为这样一种“中间组织”，是两个或两个以上的俱乐部实体在相对独立的前提下的合作，参与联盟的俱乐部之间不存在任何隶属关系，虽然俱乐部受到协议或合同的约束，在一定的时间内联盟关系相对稳定，但并不意味着联盟关系是永久不变的。实现联盟的各个俱乐部通过协议或合同结合在一起，当外部环境改变时，一些俱乐部可能离开联盟，另一些俱乐部可能进入联盟，也可以通过解除协议或合同的方式解散联盟。各俱乐部可以再寻找新的联盟伙伴，形成新的联盟。联盟俱乐部在联盟统一协调以外的经营问题上具有绝对的独立自主性。因此，联盟本身是一个动态的、开放的体系，是一种松散的组织形式。

2. 北美职业体育联盟的地位平等性

职业体育联盟是在自愿互利的原则下，俱乐部各方出于降低交易费用、减少不确定性、实现整体利益最大化等目的，在相互信任、相互独立的基础上通过事先协议结合起来的共同提高俱乐部市场竞争力的一种合作模式。它不同于俱乐部内部的行政隶属关系，也不同于俱乐部与俱乐部之间的市场交易关系。联盟中各成员保持独立的经营自主权，可按自己的发展需要运营。各成员通过协商确定在联盟中的权利与义务。互利的关系是联盟中一个必需的成分，根据各自贡献大小获得相应的收益。

3. 北美职业体育联盟合作与竞争的共存性

职业体育联盟是俱乐部在相对独立的前提下的合作，参与联盟的各俱乐部之间不存在任何隶属关系，各联盟成员在生产和部分联合经营领域内合作，而在其他领域则可能是竞争对手。如在联盟中，在比赛生产中各个俱乐部是合作者，而在运动员资源市场上，他们是竞争者，每个俱乐部为了自身利益最大化与其他俱乐部展开竞争。此外,联盟成员俱乐部之间的关系:在创造财富时主要表现为合作;在分配财富时主要表现为竞争。俱乐部间建立的这种伙伴关系可以产生 1+1>2 的效果。同时,俱乐部间的合作也存在着俱乐部违约等风险。

4. 北美职业体育联盟管理的复杂性

虽然建立职业体育联盟是组织竞赛表演产品所必需的,但联盟内的各俱乐部本身也是利益独立体,避免不了相互之间利益的冲突,如果不能及时发现和消除这些冲突,就有可能影响到联盟整体利益,最后导致整个联盟的解体。因而协调各俱乐部的关系是联盟管理的重要方面之一。

通过职业体育联盟来实现利益最大化,对各俱乐部来说都是重要的战略目标。各俱乐部既有合作的愿望,又有目标的差异。在联盟的运行中,它们都力图扩大自己的所得,同时一方利益的取得又依赖于各方合作,因而,联盟协调的内容广泛且协调活动存在于联盟创立、运行及解体的整个生命周期。联盟体内合作与竞争共存的局面,常常导致各俱乐部利益的冲突,因此给联盟运行带来种种问题,增加了联盟管理的复杂性。

(四)小结

北美职业体育联盟是在市场经济的影响下逐渐发展起来的,其联盟结构完善制度健全。联盟代表各俱乐部业主的共同利益,是作为面对同一目标市场的俱乐部企业的集合,在共同市场中各俱乐部间的关系是,“经济上的合资企业,法律上的合作实体”,是一种典型的卡特尔。基于战略联盟的交易成本理论,我们可以将北美职业体育联盟作为中间组织,其联盟的建立主要是为了维护各俱乐部竞赛平衡、协调俱乐部财政收入、限制工人工资、控制联赛球队数量最终实现联盟利益最大化的组织。北美职业体育的一个联盟就是一个独立的产业。职业体育联盟生产的产品是竞赛表演以及体育竞赛产品在生产和交换的过程中逐渐衍生出无形资产。本文将职业体育联盟定义为:同项目中一定数量的职业体育俱乐部为了生存与发展，以契约为纽带而组成的合作生产、联盟销售，共担风险、收入分享的一种独特的中间性组织。其联盟的目标是整个利益最大化，联盟的特征可以概括为组织的松散性、地位的平等性、合作与竞争的共存性、管理的复杂性的组织特征。

四、北美职业体育联盟运行机制的成功启示

所谓运行机制是指在市场经济条件下，通过市场的价格作用、市场供求关系的变化、市场的竞争等来调节社会劳动按比例分配，是以市场为基础、以价值规律为核心的市场规律发生作用的机制。北美职业体育联盟是一种市场垄断型的中间组织，即由各俱乐部组成的联盟。所以俱乐部和联盟是一个利益统一体，从很大程度上说，俱乐部的利益就是联盟的利益，而联盟的利益就是俱乐部的利益，这种利益一体化的组织结构使它具有自身独特的运行机制。

（一）利益最大化的目标机制

北美四大职业体育联盟是当今职业体育最为成熟的典范，其主要在于经济管理方面的合作性，是一种“典型的商业卡特尔”。每个职业体育联盟都是一个大企业，从本质上讲，它的直接目标就是营利最大化，其获利的手段是以高质量的赛事满足顾客需求。它所处的竞争环境更多的是与其他项目职业体育联盟之间的竞争或其他娱乐业的竞争。联盟利益的最大化是联盟的目标，其只要包括生产高水平比赛、获取垄断利润和减少运动员工资等。为确保联盟利益最大化的实现，北美职业体育联盟必须存在联盟球队合作生产竞争、联盟垄断经营、运动员工会目标的实现。

联盟是“能够生产产品的最基本的经济单位”。一支球队不能够自己与自己比赛。为了产出联盟的产品——联盟比赛，联盟的球队就必须

合作生产。联盟为了保障产品的高质量,保持对观众的吸引力,条件是联盟球队竞技实力高,并且球队之间实力相当。这就需要做好两件相互关联的事情,第一是保证联盟球队财政的稳定;第二件事是联盟保证球队之间的竞争平衡。为此联盟球队需要合作生产,平衡竞争。

职业体育存在的却是一个不完全竞争的市场。北美一项职业体育通常只有一个大联盟,它们是职业体育比赛的唯一生产者。对于有观看比赛需求的观众,它们是唯一的生产者;对于希望参加职业体育比赛的运动员,它们是唯一的消费者。职业体育联盟处于一种令人羡慕的地位,既对球迷具有卖方垄断权,又对球员具有买方垄断权,这两者尽管都提高了球队利润,却降低了经济效率。为维护职业体育联盟的垄断权利,职业体育联盟设置了进入壁垒,以及在壁垒不能阻止竞争对手进入时马上将对方吸收到本联盟。同时联盟还通过在适当的城市部署球队以阻碍其他竞争者进入。所以为维护联盟的最大效益要形成联盟垄断。

运动员工会是代表运动员利益的组织。它们是运动员从俱乐部业主手中争取联盟利润的组织。从 20 世纪 50 年代开始,北美职业体育联盟运动员组织起工会。四大职业体育联盟的工会分别是:棒球大联盟运动员协会(MLBPA);全国橄榄球联盟运动员协会(NFLPA);全国篮球运动员协会(NBPA);全国冰球联盟运动员协会(NHLPA)。运动员为了争取自己的利益而组织工会。运动员协会代表运动员和联盟交涉的主要活动就是进行劳资谈判,签订集体议价。根据相关劳工关系法,雇员有和雇主集体议价的权利。并且作为劳动力卖方的运动员联合起来,集体谈判,不受反垄断法的约束。但运动员协会不直接参与个人运动员获得的特殊工资协商,它们把自己限定于一般行情氛围下的谈判。在这种行情下,个人运动员以及他们的代理可以和联盟球队谈判。当职业体育联盟业主和运动员协会发生劳动冲突时,会争取仲裁和法律的外部支持。另外他们还有各自的武器,运动员协会采用的行为是罢工(运动员不参加联盟的比赛),业主采用的行为是停赛(业主停止按照联盟赛程安排比赛)。

(二)公平竞争的竞赛机制

因为体育竞赛的最大魅力就在于比赛结果的不确定性。“依据美国的夸克(Quirk and Fort,1992)在统计美国职业体育联盟竞争的同时,结合结果的不确定性假设的所有三个方面(比赛结果的不确定性、季节结果的不确定性以及某一俱乐部长期控制结果的不确定性)把联赛所有的队拥有相同的比赛力量时可能发生的情况进行了比较分析,重点研究在联赛中赢/输的离散度(离差)、冠军的聚集以及联赛队当中的较高的赢/输比率。当队的赢/输比率集中在一起大概为0.500时,就会表现为竞争的均衡。赢取冠军的次数和较高的赢/输比率越集中在少数队时,联赛的竞争就越不平衡。竞争的平衡越大,所有的队拥有相同的比赛力量的表现之间的偏差就越小,产生的社会效果就越大。”①

所以,“我们知道,无论什么时候,只要一项体育运动被转化为商业性娱乐活动,它的成功就依赖于观众的兴趣。尽管观众对体育的依恋背后潜藏着多种危机,但他们对体育比赛的兴趣通常与以下三种因素的某种结合相关:比赛结果的不确定性,与参加一项比赛相关的风险或经济回报,预期运动员会做出卓越的、英雄式的或戏剧性的表现”②。这就说明,比赛结果的不可预测性是影响观众的首要因素。某种程度上说,正是由于比赛场上结果的不可预测或者说是体育比赛结果的这种偶然性,更具有吸引力,所以,才能够吸引越来越多的观众,最终使得职业体育联盟及其会员俱乐部赢得更好的市场。比如,足球场上的以弱胜强,以少胜多,反败为胜,这样的比赛会给观众留下更深刻的印象。一场精彩的体育比赛,往往是直到最后一分钟甚至最后一秒钟,比赛结果仍然扑朔迷离,这些都会给观众带来视觉和精神上巨大的享受。比赛结果的不确定性是目

---

① 张保华. 美英两国职业体育经济分析. 体育学刊,2004,(2):139-141.

② 杰·科克利(Jay J. Coakley)著. 管兵、刘仲翔、何晓斌,译. 体育社会学[M]. 北京. 清华大学出版社,2003. 421.

标,要达到这个目标需要通过制定一些特殊的制度才能够实现。而通过均衡竞争机制则可以实现这一目标。这里讲的均衡竞争机制,主要包括两方面的内容,一方面是使得俱乐部财政收入上尽量均衡,使得每一个俱乐部都可能有实力雇佣优秀运动员。同时,另一方面,主要是指联盟对优秀运动员在各俱乐部中的分配。“由于表面的公平对任何一个联盟的成功都十分重要,所以所有大型运动都开发出旨在提高竞争性平衡的方法,其中最重要的是收入分享、工资帽、奢侈税、自由代理和选秀制度。”[①]

(三)经营活动的市场机制

美国的职业体育联盟是由各俱乐部共同组成的一个独立的市场主体——俱乐部及其联盟利益统一体,该主体在市场中可以完全行使市场主体的各种权利:自主决策,自主经营,自我发展,自负盈亏。它独立于政府之外,在经营管理方面不受政府的管制或干预。联盟中各俱乐部也都是独立的市场主体,具有自主经营权。美国的职业体育联盟及其俱乐部都是依托市场生存发展。美国职业体育联盟主要有四大收入来源。如:“美国四大职业联盟俱乐部平均年收入为6600万美元,其中40%来自门票收入,35%来自全国电视网、当地电视台、有线电视与广播等媒体转播费,18%来自赛场包厢、广告、餐饮、停车费等收入,7%来自标志使用费与运动服装等标志产品的收入[②]。”其中,门票收入是职业体育俱乐部生存发展的最基本收入来源。美国在职业体育方面的消费是非常可观的,“从消费者角度看,20世纪80年代中后期,美国成年人平均每人一年就有8次去赛场观看比赛。据测算,2000年去赛场观看美国职业体育所有项目比赛的人数将达到3亿人次”。值得一提的是,“美国自20世纪70年代至90年代,电视转播收入费用增长速度明显快于门票收入增长速

---

① 迈克尔·利兹、彼得·冯·阿尔门著.杨玉明、蒋建平、王琳,译.体育经济学[M].北京.清华大学出版社,2003.248.

② 张林.职业体育俱乐部运行机制[M].北京:人民体育出版社,2001.

度。其中职业棒球增加了 14 倍,橄榄球增长率 16 倍,篮球增长了 17 倍”。电视广播转播费等媒体收入的不断增长,极大地刺激了职业体育联盟的发展与繁荣。此外,“俱乐部运动员的转会也是俱乐部经营的一个重要方面。从总体上看,运动员的转会有进有出,有亏有盈,故不作为日常收支而单列账目”①。以上数据说明,美国的职业体育联盟是一个完全独立的市场主体,且生存发展完全依托于市场。

(四)追求利益的投资机制

在市场经济条件下,追求投资回报是任何投资者都遵循的基本准则。营利和实现自身利益最大化就是美国职业体育联盟作为一个独立的自负盈亏的市场主体的最根本投资动力。由于联盟是由各俱乐部组成的,因此,联盟的投资机制其实就是各俱乐部自身的投资。

美国的职业体育俱乐部很发达,目前的职业体育俱乐部大多由私人财团投资兴办和经营,俱乐部业主们都经营着财力雄厚的公司,他们关心投资回报甚于给球迷带来冠军。俱乐部业主投资俱乐部的利益回报表现在如下几个方面:第一,改善了业主的社会公众形象,提高了社会知名度,非货币收入使他们在从事其他经营活动中得到优势或便利。第二,可获得高额工资或管理指导费、额外津贴等收入。“1990 年,美国橄榄球联盟中的水牛队业主给自己 350 万美元的年薪,费城队业主支付给自己 750 万美元的年薪。”第三,从俱乐部经营中获得盈余。第四,俱乐部资产增值。例如,“1997 年,达拉斯牛仔队的市值为 3.2 亿美元。拥有 NBA 波特兰开拓者队和 NFL 西雅图海鹰队的保罗·埃伦身价至少有 170 亿美元。费城老鹰队在 1985 年可以卖到 6500 万美元,而到 1994 年已经价值 1.85 亿美元了;一个投资集团在 1997 年花 1.06 亿美元购买了新格兰爱国者队,而该队在 2 年后就已经价值为 1.6 亿美元;在 1999 年的一笔交

① 张林.职业体育俱乐部运行机制[M].北京:人民体育出版社,2001.

易中,辛辛那提红队的交易价值超过了1.8亿美元”①。

以上说明美国职业体育联盟的投资实际表现为各会员俱乐部自身的投资,而各会员俱乐部的投资机制是以营利和俱乐部增值为价值取向的。

(五)政府宏观的监管机制

美国职业体育联盟的监督机制是指联盟对于俱乐部行为实施监督的手段与措施。由于美国职业体育联盟作为一种民间自组织,其联盟章程也是经过各俱乐部代表充分酝酿并最终达成一致意见基础上制定出来的,因而具有较强的自律功能。理由很简单,作为理性的俱乐部,一方面,谁如果破坏了游戏规则,也就等于损害了“大家”的利益,自然就很容易受到“大家”的攻击;另一方面,谁破坏了游戏规则,也就不能再埋怨或怪罪其他俱乐部下一次破坏联盟的游戏规则,这样就容易导致这种原本比较松散的联盟的解体,这是所有联盟会员俱乐部所不愿看到的结果,因此,这种利益统一体组织本身就成为“民主监督”的组织基础。

美国的这种民主监督方式是通过职业体育联盟实行现代公司制度来实现的。公司设立由各个俱乐部业主组成的最高管理委员会,一般是董事会,监事会。各个俱乐部业主都是董事会成员,其地位平等,权力均衡,因此,美国的职业体育联盟监督机制更多地体现在俱乐部业主组成的董事会以及监事会通过公司治理结构来监督联盟及各会员俱乐部的行为。此外,在美国,职业体育联盟行政执行总裁是处理行业内部俱乐部之间、球员之间以及俱乐部与球员之间等各方面纠纷或争端的最高长官,具有较大的权力,因此,美国职业体育联盟的监督也表现为董事会对行政总裁的监督。

以美国篮球职业联盟(NBA)为例:美国 NBA 职业篮球联盟行政总

① 肯·卡瑟,多蒂·博·奥尔克斯著.高远洋,译.体育与娱乐营销[M].电子工业出版社,2002:68-72.

裁在仲裁方面主要具有以下权力:①在涉及两个俱乐部成员的争端中,拥有充分、完善、最终的裁决权;②具有对联盟章程、纪律、竞赛规则和其他强制性措施的解释权,并由此作出的决定都是最终的、不可否定的;③根据章程所采取的一切行为(不包括执行委员会)、依据纽约州法律,被视为具有最终效力的、结论性的、强制性的裁决。美国篮球职业联盟通过董事会来监督行政总裁,防止其寻求自身利益而损害俱乐部业主的利益,从这个角度看,俱乐部更具有监督的主动权。

(六)小结

北美职业体育联盟制度经过百余年的发展,逐步形成了独特的运行机制。北美职业体育这些运行机制的形成与其处于相对完善的市场经济体制有密切的关系,它们在一定程度上反映了市场经济条件下职业体育俱乐部运行的基本规律性。这些运行机制给我们的启示是:职业体育联盟的建构不仅需要完善的结构管理体系。在职业体育联盟的运行上,职业体育俱乐部各项活动必须以市场需求为导向,不断提高经营管理与服务水平,努力拓宽资金来源渠道,并按市场收益合理使用资金;投资于职业体育的利益回报是多方面的,然而最为重要的是在职业体育市场价值不断提高中获取长期利益回报;职业体育的生存发展潜力与其社会基础有着密切关系,职业体育的成功运作必须致力于建立与形成深厚的社会基础,并紧紧依托于社会;职业体育行业自律机制是联赛及俱乐部运行的重要机制,它有助于规范与约束俱乐部行为,使俱乐部间保持经济上、运动水平上的相对平衡,维护联盟的整体利益;为弥补市场缺陷和维护社会公众利益,政府要对职业体育俱乐部实行一定限度的管理与约束,其主要方式是依法宏观管理。我国职业体育俱乐部处于以公有制为主体的社会主义市场经济条件下,有我国国情的特殊性,不可能也没有必要完全照搬国外职业体育俱乐部的运行模式,但对于反映当今职业体育俱乐部发展规律的人类社会的共同财富,则是应该正视并加以学习借鉴的。

五、北美职业体育联盟市场经营的成功启示

北美职业体育经历了漫长的发展过程,如今已成为当今世界最为发达的体育产业之一。北美在体育职业化、商业化、市场化的经营中创造了联盟体制,其对北美职业体育的发展起到了极其重要的作用。联盟体制的核心是经营权和所有权的分离,是职业队的业主们为了追求自身利益最大化把经营权委托给专业人士管理。让他们代表自己的利益对联盟进行经营管理。北美四大职业体育联盟所取得的巨大成就与其独特的联盟经营策略及市场开发有着密不可分的关系。“所谓经营策略是指企业在经营活动过程中为实现经济战略目标根据经营环境和自身条件而制定的行动准则和经营方法,是战略实施的具体方案。”①北美职业体育经营策略就是职业体育联盟在市场上为了赢得更大利润和更高的市场占有率所采取的一系列措施。“所谓市场开发是指了解市场特征,发现潜在的用户需求、寻求满足方式和促使市场接受等方面工作的组合。市场开发的目的就是要向市场渗透,并产生有利可图的各种交易。”②北美职业体育市场开发是指以职业联赛标志、名称、形象等所有联赛知识产权的转让为条件,获得资金、物资、技术和服务的行为。

根据产业组织理论对产业的界定,我们可以认为一个职业体育联盟就是一个产业,即生产具有密切替代产品或服务的企业集合。因此,笔者运用产业组织理论的市场结构与市场行为及联盟战略理论,从市场的角度对职业体育联盟的经营模式及经营特点进行探究。

---

① 王玉忠. 国有医药商业企业经营策略探讨［J］. 经济问题,1996 年 03 期.

② 程盛楷. 创新营销,走出工业品营销的新天地[J]. 现代企业, 2004 年 11 期.

(一)北美职业体育联盟经营模式

(1)联盟经营的市场集中制

产业组织理论告诉我们,一个产业的市场结构问题是极为重要的,这是因为它直接影响并决定着该产业内部的企业行为,进而影响并决定着该产业的整体绩效。因此,对于职业体育产业来说,只有廓清其现实的市场结构并对市场结构的形成原因做进一步地深刻剖析,才能促进职业体育产业实现结构优化,保证职业体育产业的健康发展。

在职业体育产业中,职业体育联盟是竞赛产品的唯一生产者和提供者。这是因为职业体育竞赛,是一种两个运动队之间的竞技水平较量活动,这种产品的特性就决定了职业体育产品生产具有区别于其他产业的独特性。第一,他们的生产不能脱离其他俱乐部或球队,即不能离开竞赛对手,因为离开了他们,生产就无法实现;第二,不仅如此,他们的生产还需要与其势均力敌的其他俱乐部或球队,因为离开了这种俱乐部或球队,则其竞赛产品质量就难以保证,不能让消费者(观众、球迷)所接受。所以,职业体育联盟作为面对同一目标市场的俱乐部的集合,在竞赛产品生产与组织运行的过程与市场中其他行业的企业有其独特特征。职业体育竞赛产品的独特性,决定了职业体育产业的特性:单个俱乐部无法完成产品的全部生产活动,俱乐部之间具有很强的互相依赖性,竞赛产品的生产必须以俱乐部联合——职业体育联盟的组织形式进行。从而可以讲,职业体育联盟是从事竞赛生产的基本经济单位。联盟制定统一竞赛规则、组织竞赛,这些活动保证了所有成员俱乐部同场竞技、公平竞争的实现,保证了职业体育产品的生产质量。因此,职业体育产品的生产只能以联盟的形式组织,离开职业体育联盟,竞赛表演无法生产。因此,如果将职业联盟看作是一个企业,通常情况下只有职业体育联盟才是唯一的生产者,可以说,职业体育的市场集中度非常高。

(2)联盟经营的进入壁垒

在职业体育产业中,进入壁垒主要来自各联盟的政策。由于职业体育产业的市场容量是有限的,联盟内俱乐部数量的增加将会导致其俱乐部之间的竞争加剧与利益受损。因此,在北美四大职业体育联盟中,每一个职业体育联盟都制定有关联盟扩张和俱乐部重新选址的规定。新增运动队和原有运动队重新选择所在地由联合会规则决定,并且一般需要绝大多数俱乐部老板的认可。

限制球队的数量和地理位置能够赋予联盟俱乐部业主们一个可靠的门票收入和媒体收入来源。首先,联盟球队数量的增加意味着将有新成员与其他俱乐部共享收入,其收入可能会减少。其次,新球队还将减少最近邻居的地理市场,并且降低了这些俱乐部与目前主场城市谈判时的议价能力。因此,这给联盟内各个俱乐部紧紧控制球队位置和数量的提高提供了内在动力。联盟通过设定区域半径来实施市场独占权,在势力范围内,联盟的任何其他成员都不能进入。

北美四大职业体育联盟为了实现联盟利益最大化目标的实现,它们都采取措施控制自身规模。四大联盟对俱乐部的进入都设置了很高的入会费。在四大联盟中,仅有通过两种途径可以拥有联盟内的俱乐部。一种途径是,购买联盟内已经存在的特许经营俱乐部。这需要支付俱乐部价值和前投资者的成本。如蒙特利尔冰球队的价值是 1.91 亿美元,转卖时的价格却是 2.0 亿美元。另一种途径是,购买联盟扩张的球队,需要支付给联盟现有的俱乐部入会费,取得和它们比赛竞争的权力。NFL 的扩张费用是,1998 年克里夫兰队加入时交纳 4.76 亿美元,1999 年休斯敦队加入时交纳 7 亿美元。[①]

联盟将俱乐部的重新选址同样纳入联盟限制进入行为的范畴。所以北美四大职业体育联盟扩充的速度较为稳定,球队迁址的频率也不高。

① 池建著.竞技体育发展之路——走进美国[M].北京:人民体育出版社,2009 年 03 月.

尤其是MLB享有反垄断豁免,近几十年只有几支球队改变地址。但是联盟限制进入的政策导致了一些竞争性新联盟的出现。在四大职业体育联盟发展中,都经历过来自其他联盟的挑战,新建立的联盟和原有联盟会展开激烈的竞争,导致所有俱乐部的利润下降。最终的结果,往往是一个联盟失败,而幸存的联盟会引进消亡联盟原有的部分球队。总体的结果就是联盟规模的扩张,导致俱乐部整体利益和各个俱乐部利益新的均衡。

(3)联盟经营的合作营销

北美四大职业体育联盟的建立不仅局限于竞赛产品的生产,而在市场销售过程中联盟经营的合作营销也具有极其重要的价值。联盟经营的合作营销,既可以避免俱乐部在营销过程中相互压价,也有利于塑造联盟的整体形象,提高联盟的无形资产价值,获得高额垄断利润,从而增加俱乐部的收入。统一出售电视转播权是职业体育俱乐部通过各自的联盟在联合销售其竞赛表演服务方面最成功的领域。职业体育联盟的电视合同分为全国范围和球队当地的转播合同。全国范围电视转播合同一般由联盟控制,收入在联盟内分享;地方电视转播合同由各个球队自己商定,收入一般归各球队。由于受《体育电视转播法》的保护,每个联盟将其成员进行比赛的全国电视和广播的转播权以"一揽子交易"形式售给出价最高者。运动队将其转播权集中在一起的做法,使职业运动队出售其转播权获得的收入大大提高,如今,出售电视和广播的转播权成为大多数俱乐部的主要收入来源。美国各个职业体育联盟的电视转播收入增长情况见表2、3、4。

联盟也规范各个俱乐部的标志产品的商务推销。这样做的一个原因是打击仿冒商,但同时允许联盟对成员俱乐部的产品统一促销并且减少在这一领域俱乐部间的竞争。标有职业运动联盟"商标"的产品,其全球市场越来越大。近年来,四大联合会每年从商品销售中赚取10亿多美元。

表 2 MLB 1960 年代至 2006 年电视转播费增长情况(单位:万美元)

年代	电视转播费	年增长%
1962	400	
1974	1800	18.16
1986	18150	75.69
2006	33510	87.31

资料来源:根据 www. Forbs. com 2006. 4. 5 数据整理

表 3 NBA1960 年代—2008 年电视转播费增长情况(单位:万美元)

年代	电视转播费	年增长%
1964	150	
1974	880	48.60
1984	2500	18.41
2002-2008	460000	123.68

资料来源:同上

表 4 体育电视转播收入占联盟收入份额

职业体育联盟	1991 占收入份额	1997 占收入份额
NFL	0.60	0.56
MLB	0.50	0.32
NBA	0.30	0.39
职业体育联盟	1991 占收入份额	1997 占收入份额
NHL	0.25	0.09

资料来源:同上

(4)联盟经营的收入分享

竞争平衡主要决定于联盟俱乐部财政力量的对比。俱乐部收入主要来自门票销售和电视转播费,主要成本是运动员工资、场馆租赁或建设费用、管理费用。俱乐部的观众人数主要决定于市场(城市)规模和以往俱乐部的比赛记录,此外联盟怎样在俱乐部之间进行收入分配,与俱乐部的前途也密切相关。在北美所有联盟都在某种程度上分享收入。NHL 和

NBA 的收入共享范围限于平分特许经营权和全国转播收入。在 NFL 和 MLB,收入分享还包括门票收入,其中,NFL 的门票收入分享的历史要长得多、比例要高得多,主客队门票收入六四开。事实上,广泛的收入分享是 NFL 收入稳定的基石。另外,绝大部分的(约 95%)电视收入来自全国电视合同而非地方合同。所有的全国转播权收入由球队平分。1994 年这些收入带给每支球队几乎 4000 万美元的收入。收入分享的做法可以使市场份额小或较贫穷的俱乐部财政得到改善,缩小了处于大市场和小市场俱乐部的收入差距,保证了各俱乐部财政的稳定,维护并提高了联盟内的竞争平衡。因此有人主张,既然没有客场球队比赛无法进行,地方电视转播收入也要在联盟内分享。当然也有人反对收入分享,认为联盟不应该惩罚可以挣更多钱的球队,恰巧位于大城市(市场)的球队没有理由受到处罚。而且,收入分享还会引起“搭便车”行为,既然收益相差不大,俱乐部就会失去向强的俱乐部努力的动力。

(5)联盟经营的市场资源

每个职业联盟都严格控制俱乐部雇佣和解雇运动员的行为。俱乐部与运动员之间的劳务合同必须符合联盟设立的每项章程的规定,以保证任何俱乐部都不能通过其雇佣方式在竞赛实力方面获得竞争性优势。最常见的联盟雇佣规则是选秀制度,即有关新运动员在联盟俱乐部之间进行分配的程序和做法。为努力在各队之间营造一种竞争性平衡,以及防止某个俱乐部大肆网罗优秀运动员,每项运动每年都对进入市场的新运动员进行选拔。选秀制度规定,以事先规定的程序,俱乐部从新运动员名单中选拔。选拔的顺序是根据前赛季名次的逆序进行的,给名次靠后的俱乐部优先挑选运动员的机会。同时根据联盟规则,当俱乐部选中一位运动员,这个俱乐部就拥有与这名运动员签约的排他权。任何俱乐部都不能与被其他俱乐部选中的运动员签约,除非这支运动队事先卖出或交换出与这名运动员签约的排他权。大多数情况下,联盟规则规定一旦被选中的运动员与俱乐部签约,这个俱乐部即拥有在一定赛季内使用该运动员的独占权。因此,新运动员成为雇用他们的俱乐部的“财产”,并且失去了转会到更高薪水俱乐部的公开机会。联盟规则同时禁止运动队给正在其对手俱乐部效力的运动员提供工作机会的“挖墙脚”做法。

另外一项控制职业运动员流动的制度就是保留条款。长期以来,所有职业棒球运动员都要签一份基本的比赛合同,其中包括所谓的保留条款。合同的这一部分保留了所属俱乐部永久性拥有使用运动员的排他性权利,职业运动员实际上没有机会选择其效力的运动队,不能在俱乐部间自由流动,只有当他的雇主与其他俱乐部交换或出售合同中的权利时,运动员才可能转会。如果一名运动员想从事职业体育,他必须遵守联盟规定的章程。由于没有其他的雇主能够挖走运动员,因此,运动员在薪金决定方面很少有真正的讨价还价权利,俱乐部老板就把它们球员的工资压低到正好使他们留在该项运动中的水平上。在20世纪70年代前,保留条款对运动员劳动力市场作用如此有效,运动员工资长期处于低水平,早先的明星甚至不得不从事第二职业。尽管职业体育联盟雇佣规则是出于提高运动场竞赛的激烈程度,但从上面很明显地看出选拔和雇佣限制大大降低了运动员市场上的竞争程度。当联盟规则允许会员俱乐部拥有新运动员合同的产权时,就产生了买方独家垄断的不完全要素市场。

关于职业体育联盟运动员的薪金,自70年代起,运动员工会逐渐显示作用。他们和俱乐部业主就运动员工资等进行谈判,签订集体议价协议(Collective Bargaining Agreements,CBA)。如老运动员自由转会、最低工资、退休金计划都是工会争取到的。自由转会制度的出现,使运动员工资大幅度提升,而联盟球队老板却认为,自由转会的规定使他们为运动员过度竞标,所支付的工资超过运动员的边际生产收益,会使得职业体育的竞争天平朝着有利于那些具备出价挖走其他球队最有天赋球员的富队的方向倾斜。于是联盟推出了工资帽和奢侈税制度。1984年NBA最早引入了工资帽,即运动员工资只能占产业收入一定的比例。1994年NFL也采用这一规则,不过NBA的工资帽是“软帽”,可以允许个别优秀运动员的工资超过上限;而NFL是“硬帽”,不允许球队或运动员个人工资花费超过规定的数额。工资帽分为运动员工资帽和球队工资帽。运动员工资帽是对运动员最高工资额的限定,球队工资帽是对俱乐部支付运动员的总的工资数额的限定。2003 年,NFL 球队的工资帽是 7500 万美元。MLB 没有工资帽的规定,但在 1984—1985 年大罢工后引入了奢侈税规定——俱乐部要根据其薪水册上的数量向联盟交一定的税。在过去的几年里,运动队老板与运动员工会达不成协议导致大量劳资争议。1994 年,大棒球联盟运动员协会(代表美洲和全国棒球联盟运动员的运动员工会)举行了罢工,使上百场比赛被迫取消,其中包括世界联赛。同年后期,NHL 的运动队所有者通过使职业冰球运动员停工,而取消了半个赛季的比赛。看来将来劳资争议还会发生,除非运动员与俱乐部老板在如何分配利润上达成共识。

(二)北美职业体育联盟经营特点

北美四大职业体育联盟为了推销各自的产品,在门票销售、电视转播、产品授权、有线体育频道订阅、按次付费有线电视转播以及赞助商关系等各个方面,施展了自己高超而且有效的营销方略,通过经营也为球队、球员、比赛场馆、传播媒体等创造了市场机遇。其北美四大职业体育联盟在营销上具有以下特征:

1. 视电视转播权与豪华座席为营销重点

北美四大职业体育联盟在营销中,电视转播权和门票都是其最重要的两个收入来源,约占总收入的 75%左右,其中门票占 40%,电视转播权占 35%。几十年来伴随电视产业的迅速发展,其联盟及球队的电视转播收入呈螺旋上升趋势。如 20 世纪 70 年代中期至 90 年代中期的 20 年之间,美国职业体育的广播、电视转播费等媒体收入的增长,高于门票收入的增长,其中职业棒球增加了 14 倍,篮球增加了 17 倍。① 其中 MBL 的电

① 周进强. 职业体育俱乐部管理问题研究[J]. 天津体育学院学报,2002(1):21-23.

视转播费用最高，一般都在8亿美元左右(1998—2004)，2005年为16亿美元，2006年福克斯娱乐频道同意支付25亿美元以获得对2006年全明星赛和全部季后赛的独家转播权。① 在地方上，球队通常和当地有线电视转播合营，并已经成为球队的主要收入来源。四大联盟的比赛门票营销可以说是多彩多样，但是通过网络进行门票营销已成为最主要的特点。

其各联盟的另一主要收入来源便是豪华包厢和团体席位，豪华席位收入已经成了增长最快的收入来源(Hoffman & Greenberg，1989)。豪华席位已成为大部分体育场建设计划中最大化每个座位资金流的关键策略。由于意识到豪华座席这一潜在的巨大收入，许多体育场和球队所有者目前正致力于改造和维修座席，以建造豪华席位。

2. 不断更换球队主场

不管是在球队所在的城市还是在其他城市，一个新建的场地或大规模翻新的场地都能为球队带来额外的收入。四大职业体育联盟都非常重视利用不断更换球队主场地来增加收入，通过更换球队土场使球迷缴纳座位出租费，使球迷获得在整个赛季间对某个特定座位的“占有权”，尤其是在新建的场馆中设有许多豪华包间，特别受一些贵族球迷的青睐。

3. 重视冠名权的营销

在四大职业联盟商业赞助与广告、中向企业出售场馆冠名权，是四大职业体育联盟营销的主要特点之一。一些企业与球队签订价值数百万美元的合同，在此后的数十年内，该球队的主场以赞助公司的名称命名。如表所示，2002年最新加盟NFL南部的休斯敦得州队以1亿美元将其主场冠名权授予一家能源公司，为期30年，创下了NFL历史上冠名权的最高纪录。还有如景顺投资公司以1.2亿美元买下丹佛野马队的主场冠名权，为期20年(表5、表6)。

---

① 骆秉全. 浅议美国四大职业体育联盟的经营发展及特点[J]. 体育文化导刊，2005年10月.

表 5　北美四大职业体育联盟最大冠名权交易一览

场馆名称	冠名权(百万美元)	冠名(年)
瑞兰特体育场(休斯敦)	300	32
联盟快递中心体育场(马里兰)	205	27
美国航空中心体育场(达拉斯)	195	30
飞利浦竞技中心(亚特兰大)	182	20
少女笔记公园体育场(休斯敦)	178	28
美国银行体育馆(夏洛特)	140	20
林肯金融中心体育场(费城)	139	21
景顺体育场(丹佛)	120	20
SBC 体育中心(圣安东尼奥)	101	20
斯台普斯体育中心(洛杉矶)	100	20

表 6　北美四大职业体育联盟中各体育场馆冠名权情况

联盟	体育场馆数量	有冠名权数量	无冠名权数量
MLB	30	17	13
NBA	30	22	8
NFL	32	16	16
NHL	31	27	4

4. 以球迷消费者需求为中心,提供全方位的服务

在美国四大职业体育联盟非常受欢迎,其中棒球更为突出。60%以上男性公民都和棒球有缘,他们是在T级联赛、初级联盟、小联盟、高中联赛和大学联赛的包围和熏陶下成长起来的。超过1.3亿的美国人认为自己是棒球迷,据调查每个球迷年平均用在棒球上的消费在1000美元以上。四大职业体育联盟的各个球队都极其重视为球迷提供可能的服务,他们充分利用比赛间歇的商业广告时段为球迷提供各种各样的娱乐活动,为各大公司提供豪华包间,或是设有餐厅酒吧和独立座席的封闭式观礼台,甚至装备有多媒体设备的会议中心。为了在不降低票价的前提下

吸引球迷来观看比赛,各球队与大公司合作,免费为一定数量的“特殊”观众提供品牌纪念品,如在一场比赛中,最先入场的2000名观众可以获得由某公司赞助的能吸附在电冰箱上的磁性比赛日程安排表等。另外,球帽、迷你坚果包等物件也是球队推广攻势的常用“武器”。现在各球队都在不断地开发新的推广用品以激发球迷的兴趣,尽管推广物品是最为古老的广告形式之一,但它们的确能够极大地改善观众在参与体育赛事时的娱乐体验。

5. 围绕联赛的品牌效应,加大无形资产的开发

北美四大职业联赛在开发有形资产的同时,更加注重无形资产的开发与保护,使其无形资产不断升值。以NBA为例,2006年NBA年度总收入为33.7亿美元。按赞助、媒体、门票、高级座席、特许经营五大收入来源的比例看(如图6),NBA享有较高的授权产品、媒体的收入。NBA对无形资产的开发主要有NBA资产管理公司,娱乐公司和电视与新闻媒体公司负责。NBA资产管理公司主要负责NBA电视节目和授权产品的授权与销售情况的监管和控制,及各地区的公关关系联络和新闻简报的分发等公共事务。NBA娱乐公司下设制片、摄制、计划和播出、图片及运动

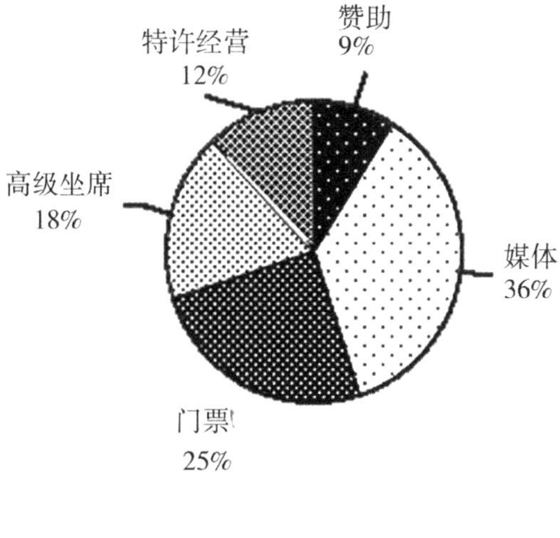

图6　2006年NBA收入来源比例

员与球星联络部,实际上是 NBA 的电视台和制片厂。现今在世界各地电视台播出的 NBA 锦集、总决赛专辑等均是由娱乐公司开发的。NBA 电视与新闻媒体公司主要负责电视、电脑、互联网等新技术运用与开发,通过高科技手段加大对无形资产的开发利用。正是 NBA 这些多样化的市场开发手段,加大对其无形资产的开发,才使 NBA 总资产不断增加,其业绩保持每年稳定增长。与有形资产相比,NBA 更加注重无形资产的开发、利用及保护。以广告推广为例,NBA 之所以能够受到如此高的关注与其成功的广告推广是密不可分的。他们建立了 NBA 有线电视、网站、NBA 商城、商店、流动大巴等。为了赢得更多的球迷关注与对球员的接受,他们几乎是不惜成本地进行大幅海报、照片、宣传片宣传,甚至在引进球员之前的数个月就开始运作了。

(三)小结

通过对北美职业体育联盟的产业结构与市场行为的分析,北美职业体育产业呈现出高集中度和高进入壁垒的特征。北美职业体育产业属于完全垄断的市场结构,就联盟的市场属性而言,它属于寡头垄断市场结构。由于美国职业体育联盟的企业属性较强,从而形成了完全垄断的市场结构,有利于实现所有俱乐部利益的最大化。这一定程度上也说明了职业体育联盟的市场属性应该适度,否则将对联盟的独家垄断地位造成负面影响。北美各大职业体育联盟在产品市场上联合营销比赛转播权和特许经营权,形成卖方独家垄断,实行垄断定价,获取垄断利润,并通过不同程度的收入分享制度,使各俱乐部间的经济实力均衡增长。在资源市场上通过选秀、工资限制等制度和行为,形成买方独家垄断,降低运动员的雇佣价格,协调运动员的分配,使各俱乐部的竞赛实力均衡增长,以增加竞赛的不确定性,更好地吸引观众,从而维持联盟整体经济利益的最大化。

六、北美职业体育的法规制度启示

法规制度是一个组织合理运行的有效保障。北美职业体育的成功可以说完全依赖于成熟的北美职业体育的法规制度，对北美职业体育法制的研究应从北美职业体育政策与公共政策和法律联系为切入点，研究其政府的职业体育政策，它是政府针对商业机构制定的公共政策和公共立法的背景中产生的。在美国，通过国会和最高法院，针对职业体育发展的实际情况，又给予体育运动一些其他行业所不具备的特殊的政策支持。因此，美国的职业体育政策对职业体育联盟和职业运动队的商业运作和盈利同样起着至关重要的作用。美国职业体育的成功运作要涉及大量的法律和法规，其联系最为密切是反垄断法、纳税法、劳工法和版权法等。

（1）反垄断法与美国职业体育的“反垄断豁免”。为了保证美国职业体育联盟的权威，加强宏观管理以及保证职业体育的整体利益，美国政府给予职业体育“反垄断豁免”权力，至少从三个方面影响着美国职业体育。即“反垄断豁免”剥夺职业运动员的自由转会权，电视转播权的“反垄断豁免”保证美国职业体育的整体利益，“反垄断豁免”使职业体育联盟有权确定职业运动队的分布和数量。

（2）职业体育的劳工法问题也涉及“工资集体谈判制”与“工资封顶”和劳资纠纷的处理，职业体育联盟中的劳资双方关系是根据美国劳工法的有关规定，通过运动员和球队老板的集体谈判的方式进行调节的。谈判达成的协议往往决定运动员的报酬和流动，并且由全国劳工关系委员会进行监督和管理。

（3）职业体育的纳税政策。美国的税法非常复杂，公司和个人都必须纳税。1976 年以后，与体育产业有关的税收政策进行调整，政府取消了购买职业运动队股份时给予的税收方面的优惠。鼓励利用税收政策对公共体育场馆的建设，美国的许多州和地方政府都非常热衷于修建体育设施,因为职业体育比赛吸引观众,能吸引投资,促进这一地区的商品销售和税收,导致就业机会增加和经济增长。

(4) 职业体育版权保护政策。美国国会就保护公众观看职业体育比赛、电视转播的权利方面提出过许多立法议案和听证。1976 年,国会通过“版权法”明确了职业体育联盟的节目可以享有美国政府的版权保护,职业体育联盟与有线电视机构,达成了一系列转播协议,解决了职业体育的电视转播问题。

七、北美职业体育的成功启示总结

北美职业体育的成功是在一百余年的不断演变与发展中应运而生的。它与北美职业体育处于相对完善的市场经济体制有密切的关系,同时它们在一定程度上反映了市场经济条件下职业体育运行的规律性与职业体育经营的潜规则。

在生产过程中,基于职业体育产业的生产合作性、资源分配均衡性、俱乐部的共生性,并根据职业体育产品生产双方的相互竞争性、相互依存性,从而要求职业体育产业的生产过程中必须建立市场垄断型职业体育联盟来合作生产,这是职业体育产业生存的基础;在组织管理上,由于职业体育组织的松散性、地位的平等性、合作与竞争的共存性、组织管理的复杂性,职业体育的正常运转有赖于合理的组织结构与完善的管理制度及职业体育组织(项目协会、联赛委员会、俱乐部)内部形成有效的利益协调机制,这是职业体育组织运行的保障;在运行机制中,为保障其正常运行,必须建立目标机制、市场机制、投资机制、竞争机制及监督机制。同时倡导建立俱乐部运行的重要机制——自律机制,它有助于规范与约束职业体育组织行为,使俱乐部间保持经济上、运动水平上的相对平衡,维护俱乐部的整体利益;在市场经营中,职业体育产业必须以市场需求为导向,不断提高经营管理与竞赛及服务水平。建立市场经营集中制、联盟营销、收入分享、市场资源的联盟经营等手段来实现职业体育市场经营的利益最大化。同时提出职业体育的生存发展潜力与其社会基础有着密切关系，职业体育的成功运作必须致力于建立与形成深厚的社会基础，并紧紧依托于社会；在政府监控中，为弥补市场缺陷和维护社会公众利益，政府要对职业体育实行一定限度的管理与约束，其主要方式是依法宏观管理。

第六章

我国职业体育发展中的问题及原因：以中国职业足球联赛为例

一、中国足球职业化发展的历程

新中国成立以后，我们党和国家高度重视体育事业，为尽快提高我国竞技体育的运动技术水平，攀登世界体育高峰，在全国范围迅速建立起一整套行之有效的工作机制。全国各个省市、解放军以及行业系统都建立起包括足球项目在内的专业运动队。在以业余体校和专业运动队为主的专业体制下，足球项目取得了一定的发展，特别是在20世纪50至60年代进步较大。20世纪50年代末我国退出了国际足联，之后中国足球几乎失去了所有参与国际赛事和交流活动的机会，当我们70年代末重新恢复在国际足联的合法席位时，国际足球竞技水平已经有了极大地提升，我国足球运动的水平与世界水平的差距进一步拉大了。20世纪80年代，中国国家足球队曾三次向世界足坛最高赛事——世界杯足球赛发起冲击，但始终未能实现"冲出亚洲，走向世界"的夙愿。在三次世界杯亚洲区预选赛中，两次功败垂成，一次在预选赛小组赛即被淘汰。

20世纪90年代初，随着我国经济体制的深化改革，体育体制的深化改革也势在必行，1992年原国家体委召开了研讨体育体制改革的中山会议，随后发布了《关于深化体育改革的决定》，提出了体育体制改革的总目标"力争在本世纪末初步建成具有中国特色的社会主义体育新体制"，并提出竞技体育要推进运动项目协会实体化，以足球为突破口，部分项目朝职业化过渡，逐步与国际惯例接轨。1992年6月下旬，全国足球工作会议在北京郊区红山口召开，这次会议确定了以足协实体化和组建职业足球俱乐部为中心的足球改革构想，足球正式成为深化体育改革的突破口。

红山口会议之后，1993 年，上海、大连、北京、广州等 11 个足球试点城市以体委和企业联办的形式建立了职业足球俱乐部。此时中国足协开始了职业化改革的试验，1992 年底至 1993 年中国足协组织了两次由各支新组建的职业俱乐部参加的“中国足球俱乐部锦标赛”，为随后举行的职业联赛积累了经验。与此同时，中国足球开始对各俱乐部和职业、半职业球员及教练进行注册登记，并相继出台了新的《中国足协章程》《中国足球俱乐部章程》《人才交流的若干规定》等二十多个足球改革的文件，为足球职业化改革完成了制度上的准备。

经过 1992 年和 1993 年近两年的筹备和试验，职业化改革的核心问题已经基本解决，体制的框架已经大致形成。1994 年 4 月 17 日，万宝路全国足球甲级联赛正式揭幕，甲 A 与甲 B 共有 24 家俱乐部参加，标志着我国足球职业化改革的全面实施阶段。改革之初，我国职业足球俱乐部的管理体制并没有采取“一步到位”的模式，而是采取比较灵活的方式，主要是由体委出队、企业出钱，双方共同举办俱乐部，有的以体委为主，有的以企业为主，基本上属于事业法人的性质，也有采取公司制的形式。实践证明，这种渐进改革的模式在很大程度上减少了改革的风险，减弱了新旧体制变迁带来的摩擦，从而降低了体制创新的成本。

1994 年和 1995 年两年的职业联赛表明足球职业化改革取得了明显的成效，全国各地球市火爆。1994 年底，甲 A12 支队伍收支自给率大部分达到 60%—70%，足球市场基本形成。1994 年的职业联赛，到现场观看甲 A 足球联赛的观众就达到 217. 6 万人次，已经接近足球发达国家的水平。由于球市火爆，足球热潮迅速席卷大江南北，加之各种媒体炒作，职业足球联赛已经成为社会各界关注的热点。1995 年的联赛水平有口皆碑，国家队 1994 年底在亚运会上夺取亚军，在 1995 年的商业比赛中连克世界一流强队。

随着联赛水平和影响力的不断提升，青少年足球蓬勃开展起来。各类足球学校在各地大量涌现,最多时达到 450 多所,在校青少年球员有 65 万人,有效地取代专业体制中的业余体校,承担起了培养后备人才的重任。

然而,由于职业俱乐部当初在组建过程中不规范,产权不清,也没有在工商行政管理部门注册。随着足球职业化改革的不断深入,俱乐部所有权及相关权益归属的矛盾日益突出,加之我国缺乏职业运动的管理经验,1997 年开始球场暴力屡禁不止,“假球”“黑哨”的传闻不断;由于优秀球员资源有限,部分教练员、运动员的工资、奖金等收入直线上升,大多数俱乐部不堪重负,球市开始滑落,1998 年的联赛质量下降;联赛制度不完善,联赛临近结束的时候,发生了一些企业撤资推出足球界的事件,给我国足球职业联赛的健康发展造成一定的困难。这一切都说明,我国职业足球需要进一步深化改革,需要新的体制创新。

为了解决足球改革进程中所遇到的问题,2001 年中国足协提出了建立中国足球超级联赛的方案,希望通过打造一个新的、更高的职业足球发展的平台,来兴利除弊。经过三年的准备,2004 年中超联赛正式推出。为了进一步规范和促进中国足球职业联赛的发展,将甲 A 联赛提升到一个更高的层次,中国足协主要针对中超联赛采取了以下的管理措施:一是建立在中国足协领导下的中超委员会,由中国足协和各俱乐部代表共同组成,制定有关规定,民主协商,民主决策,全面组织和管理中超联赛;二是规范俱乐部建设,建立符合现代企业制度的俱乐部公司,理顺产权关系,健全法人治理结构和机制,完善球队、梯队和训练基地建设,规范财务会计制度和审计制度;三是设立中超公司,中国足协与俱乐部共同出资,共同管理和运作中超资源,开拓市场,保障联赛和俱乐部运营和发展需要。

2009 年中超联赛已进入第五个年头,在这五年中,中超俱乐部的建设取得了阶段性的成果,但中超公司的组建、运营费尽周折,中超委员会建设更为艰难,办事机构及相关人员均尚未落实,致使中超联赛组建方案中的许多设想无法按计划正常开展。同时,中国足协与俱乐部之间矛盾重重,碰撞不断,冲突不断,其间出现了2004年北京国安俱乐部“罢赛”,并联合大连实德俱乐部索要联赛“领导权、管理权、经营权、监督权”事件,2008年武汉光谷俱乐部中途退出中超联赛等事件,使中超联赛的严肃性与权威性受到极大地挑战。可以说中超联赛并没有根除甲A联赛的弊病,球迷们所期望的中国足球职业联赛脱胎换骨的变化未能如期出现。这一时期中国男子足球队战绩也跌至历史谷底,国际排名掉至百名之外,2004年、2008年两次参加世界杯赛亚洲区预选赛,均未能从小组赛中出线。随着联赛关注度的下降、国家队战绩不佳,红火一时并成为我国足球后备人才培养主要渠道的各类足球学校也极度萎缩。①

二、中国足球职业化发展中存在的主要问题

(一)实行职业化改革以后,国家队水平不升反降

一个国家队代表着国家整体足球水平和形象,其国际足联排名也充分体现着一个国家足球水平在世界足坛的地位。1994年中国国家队(以下均指男足)年终国际排名第40位,在亚洲排在第4位;1998年国家队年终国际排名第37位,亚洲排名第6;2002年首次进入世界杯决赛圈但一场未赢、一球未进,年终国际排名第63位,亚洲排在第7位;2006年中国队年终国际排名第84位,亚洲排在第11位;尤其是2008年,国家队、国奥队、国青队、国少队全线溃败,颗粒无收。在2009年7月1日国际足联公布的各国家足球队的排名中,中国足球队的世界排名108名,亚洲排名第13位,创下了历史新低。

上述数据表明,自我国足球实行职业化改革以来,中国国家队的国际

① 钟秉枢,李少丹,金宗强等.中国足球发展的白皮书.(草稿).2010年9月.

排名不管是在世界,还是在亚洲都在持续下滑,已经成为世界足球的弱旅,事实上也已经成为亚洲足坛的二流球队。虽然这个看似只代表国家队成绩的排名,但在很大程度上却反映了一个国家足球的整体状况。十几年的足球改革,不但没有改变中国足球落后的面貌,也让中国足球在亚洲的地位每况愈下。尤其是与亚洲的日本、韩国、伊朗、沙特等国相比,不仅没有赶上对手,反而被对手甩在了后面,其差距也有越拉越大的趋势。中国足球国家队水平多年的徘徊不前以及近年来的不断下滑,让关爱足球的各界人士感到“很痛心”。

由上不难看出,中国足球屡战屡败的低下水平与广大人民群众对足球的期望值之间的巨大差距成了长期以来中国足球的主要矛盾。如果我们的足球水平,别说像优势项目一样,就是和一般潜优势项目和其他三大球水平差不多,也不至于引起这么大的反响,关键是足球屡战屡败,老百姓不满意。所以我们要把提高中国足球水平作为一个主要的矛盾和矛盾的主要方面去抓(当然阻碍足球水平提高的因素很多,应该一条一条地去梳理,并逐一解决)。现在虽说我们足球市场火爆、球场上座率高、经济效益好,但是一打比赛连新加坡队都赢不了,打谁都是对手,老百姓也是不会满意的。现在老百姓最想看到的是中国队赢球,体育上就有这样一条,赢球就会“一俊遮百丑”,输球就什么都不是,全都是问题。所以我们应该紧紧围绕着“怎么有利于中国足球水平提高”来做文章。

(二)足球青少年基础薄弱,后备力量严重匮乏

众所周知,后备人才是一个俱乐部乃至国家足球运动的基础,世界足球发达国家都十分重视后备人才的培养。后备人才的培养是振兴中国足球的必由之路,是中国足球众多落后因素中的重要因素。

在1992年中国足球管理体制进行改革之前,青少年足球培养主要采用基层中、小学校——运动体校——省(市)专业队的人才培养模式。1993年随着职业俱乐部应运而生的同时,中国青少年足球人才培养体系

发生了彻底的变革。原计划经济体制条件下依附体委系统的青少年足球竞赛、训练管理体制,开始全面走向以俱乐部为主体的竞赛、训练管理体制。政府投资比例减少,社会投资比例增加,改变了仅靠国家拨款的单一渠道,调动了社会办体育的积极性,后备人才培养越来越依靠市场,实行经济核算,讲求投资效益,各级政府、体委和足协的管理方式越来越趋向于组织、协调和业务上的指导,以行政层次为依托的培养体系转变为以市场为依托的体系。①

原有的培养体系破坏了,最显著的是体现在青少年足球人口上。近年来中国青少年足球人口的锐减是事实。中国足球学校在 1996 年成立之初,以其完善的教学配套、雄厚的师资力量和较好的学生出路(与北京体育大学建立了输送关系)而著名。办学初期,在每年招生不足 300 人的情况下,报名人数达 4000 多。2000 年以后,报名人数逐渐萎缩,2005 年以后,每年只有 300 人报名,2008 年只招收到 48 人。由于报名人数的骤减,导致生源严重不足,为了保证学生的质量,中国足球学校鼎盛时期(1998 年、1999 年)在校学生有 1000 人左右,到现在不足 300 人。足球后备人才的严重匮乏,严重影响了足球的发展。目前,我国青少年培养基础严重萎缩,后备人才青黄不接。在职业化改革初期,足球项目脱离体育局的管理,进入市场,初期的虚假繁荣带动了青少年足球的活跃,俱乐部建立三线队,足球学校、业余俱乐部等各种形式的青少年足球组织纷纷建立,全国青少年参与足球活动人数一度达到 65 万人。但是,2000 年后,随着职业足球各种问题的出现,媒体负面炒作加剧,环境恶化,加之各地方体育局弱化对足球项目的直接管理,原有的业余体校为主体的青少年培养体制坍塌,新的职业化体制下的青少年培养体系未能有效建立;俱乐部重视一线成绩,忽视后备梯队投入;足球在制度设计上缺少青少年足球运动员出口,渠道不畅;这些因素导致全国青少年足球基础严重萎缩,接

① 王瑞麟等. 中国足球后备人才培养现状与发展对策. 西安体育学院学报,2009(3).

受足球培训的青少年人数急剧下滑,优秀足球人才越来越少,青黄不接,青少年注册人数下降到目前的不足7000人。足球学校由最多时的450左右,下降到目前的70多所。①

尤其值得关注的是,当前在中国足协注册的青少年足球运动员仅有5万多人,青少年足球人才的流失现象令人触目惊心。根据中国足协的统计,2008年在U15—U19年龄段的足球运动员注册人数仅有6772人。与此同时,我国男子青少年比赛的规模、参赛队伍和参赛人数也出现了急剧下滑的趋势,在2008年中国足协举办的U系列比赛中(U15、U17、U19),三个年龄段参赛队伍只有86支,总报名人数仅有2085人。2008年在组建新一期国家少年队时,可供选拔的91—92年龄段的适龄人数,总数仅有120人。

形成鲜明的对比,欧美足球发达国家足球人口动辄就有1000万、2000万,即使在人口仅为我国十分之一的近邻日本,足球人口也有250万。中国作为拥有13亿人口的大国,只有这么少的青少年在踢球,实在难以想象。② 可见,青少年足球运动员原有培养体系的破坏,已经严重影响了中国足球的整体发展。

(三)足球职业联赛不规范,因监管不力导致诸多问题出现

1.假球问题

近年来,在部分较敏感的比赛场次中,个别俱乐部、运动员为了本俱乐部的利益,违反公平竞争原则,出现所谓"默契球""和平球",比赛的结果,往往"恰巧"与坊间传说相吻合,破坏了公平竞争的联赛环境,招致俱乐部、球迷、媒体的不满。

---

① 国家体育总局政法司:关于足球问题的调研报告,2009.11.

② 肖春飞等.13亿人为什么选不出11个好球员.人民日报,2007(09).

2. 赌球问题

赌球是一种严重的违法行为。近些年来随着足球赌博公司、赌博网络的迅速发展，足球赌博活动日益猖獗。社会上各类人员广泛参与赌球的行为，使足球比赛变成大量金钱的输赢，不仅腐蚀人们的心灵，而且导致球迷情绪异常，甚至引发球迷骚乱，影响社会稳定。个别俱乐部的官员、教练员、运动员不断受到赌博势力的渗透和诱惑，参与赌球，使本应精彩激烈的足球比赛，成为少数人随意操纵结果的“赌具”。个别队员参与赌球，就会葬送一支球队所有教练、队员的辛苦与努力，让团结一致的队伍互相猜疑、反目成仇。更为严重的是，已经发现足球赌博公司、网站对国内一些女足比赛、青少年比赛“开盘”，继续侵蚀足球领域中尚未被污染的“净土”，令人触目惊心。赌球已经成为一个“毒瘤”，严重侵害着中国足球的健康发展，危害足球运动也危害社会。足球中心限于职权，难以有效清除这个“毒瘤”，因此迫切需要公安、司法等相关部门高度重视，采取有效措施予以严厉打击。

3. 黑哨问题

虽然中国足协加强了对裁判员的教育、管理和监督，为了创造公平竞赛的环境采取了很多措施，裁判员队伍的整体素质也在不断提高，但“黑哨”问题还是时有耳闻，个别裁判员、助理裁判员在个别场次的执法过程中，出现这样或那样不该有的“错、漏、反判”，有的直接影响到比赛的最终结果，造成了社会的猜疑和俱乐部的不满。

4. 球场暴力问题

近期，无论是国家队、国奥队参加的国际比赛，还是中超联赛，均出现了较严重的球场暴力行为，在国内外造成了不良影响，即使在 2008 奥运年中国足协加大了宣传和处罚的力度，球场暴力行为依然有增无减，严重影响了足球的整体形象。

5. 赛场秩序问题

赛场秩序是关系到社会稳定的大事，是赛区工作的重中之重。为了搞好赛区工作，中国足协与公安部门密切合作，多次发出关于加强赛区管理工作的通知，要求赛区加强球迷的管理、加强安全检查、加强客队的安保工作等，但近年来个别赛区仍出现围堵打砸客队车辆、球迷向场内投掷大量杂物甚至砸伤球员、主客队球迷之间冲突等问题，为社会稳定埋下隐患。①

(四)足球舆论环境差

1. 舆论导向发生偏离，引发球迷不良情绪，影响社会稳定

一些媒体不弘扬健康向上、积极进取的体育精神，不宣传文明、进步的体育道德风尚，片面追求足球报道的轰动效应，热衷于“功利足球”“胜负足球”。这种错误的舆论导向，引发许多球迷的不良情绪，加剧了球迷的急躁心态，使球迷不能用正确的态度对待足球比赛的输赢。联赛的文明秩序被破坏，谩骂裁判员、侮辱对方球员和对方球迷的现象比较普遍，围攻对方球员、冲击裁判员、向场内投掷杂物的情况时有发生，甚至引发球迷赛后聚集闹事、冲击我公安人员等严重骚乱事件，给社会稳定带来了极大的隐患。

2. 媒体对足协工作存在“习惯性否定”现象

长期以来，一些媒体对中国足球持否定态度，以批评报道为主，负面新闻很多。这种情况恶性循环的结果，导致中国足协被“妖魔化”，社会信誉受到严重质疑，公信力严重下降。足协采取的所有工作举措，无论正确与否，都会首先被社会、媒体习惯性怀疑和批评，甚至出现了“凡是足协拥护的，媒体就会反对，凡是足协反对的，媒体就会拥护”这种极端情况，给足球工作的正常开展带来严重干扰。

3. 虚假足球新闻现象十分严重

一些足球记者和媒体，采访时不深入扎实，不进行客观公正、实事求

---

① 国家体育总局政法司. 关于足球工作的情况报告. 2009. 3.

是的报道,追求所谓“揭密”“独家”等报道,往往是捕风捉影、大肆渲染,出现很多不实报道,甚至进行毫无依据的虚假报道和恶意炒作。一些足球媒体和记者甚至采取不当手段,用利益等方式企图垄断足球新闻资源,造成足球新闻环境的混乱,加剧了足球舆论环境的恶化。

4. 媒体“地方保护主义”比较普遍

由于足球俱乐部主要依靠当地城市和地区发展,和地方媒体关系密切,并且存在着较多的利益关系,因此,足球报道中的“地方利益”色彩比较浓厚。地方媒体为了保护所在足球俱乐部的利益,经常和其他地区媒体发生争执和冲突;在足球俱乐部和中国足协发生矛盾时,经常不顾基本事实,把问题的原因和责任全部推给足协,把批评的矛头全部指向足协,给足协的工作也带来了较大的干扰。

5. 网络平台的介入,使足球新闻报道情况更加复杂

网络作为一种新兴的社会信息传播平台,它的出现和不断发展,影响力日益增强,而足球消息也是各大门户网络在体育板块报道中竞争的焦点。为了争夺点击率,在生存发展的竞争中获胜,网络体育足球的消息传播往往追求“轰动”和“新奇”,即使转载其他媒体的一些正常报道,也往往要加上一个“耸人听闻”的标题,然后再“反作用”与其他媒体,形成第二次恶性循环报道,致使报道内容往往与事实差距更大。目前,门户网站也经常派出自己的“记者”进行足球采访报道,加上利用等方式,大量传播足球信息。由于网络属于新兴行业,尤其是门户网络,国家相关部门对其性质和行业属性的界定尚不清晰(是否属于新闻传媒行业),使得情况更加复杂,也给我们的工作增加了难度。

三、存在问题的原因剖析

（一）足球职业化改革的方向是正确的，但"一步到位"有些过急、过快

对于足球的职业化改革，体育界一直存在不同的认识，即使到现在，对于是否应该进行职业化改革，以及改革的进程是快了还是慢了，仍然存在着争论。第一种观点认为，足球职业化改革基本上算是成功的，足球改革对体育改革做出了贡献，要历史地、发展地、辩证地看待改革中出现的问题。第二种观点认为，中国足球职业化的方向没有错，但改革搞得过快、过急，是不成功的。第三种观点认为，中国足球彻底就不该进行职业化改革，因为根本不具备职业化的客观条件。

如何客观地评价中国足球的职业化改革问题？本文认为，"足球职业化改革的方向是正确的，但'一步到位'有些过急、过快"。

1992 年红山口会议所确定的职业化改革，其方向是没有错误的。尤其是在社会主义市场经济体制已经建立的今天看来，为了适应这种体制，同时也为了适应国际上商业化程度极高的足球等项目的发展，与国际接轨，足球应该走职业化的道路。方向上没错，且应该这样去办。但是方向上的正确，不代表一切都是对的。方向正确是一个大前提，但是"一步到位"有点过急、过快，并导致改革后诸多问题的出现。

显然这种"一步到位"的职业足球管理体制超前了，走快了，脱离了中国国情，因为当时社会主义市场经济体制尚没有建立起来，我们是在转轨之中，充其量是在市场经济体制建设之中。而且，由于职业化带来的"四个转变"（计划转变到市场、专业转变到职业、自我封闭转变到与国际接轨、政府管转变到社会办），使得计划经济体制下的体制、机制、制度及

从业人员素质很不适应和明显滞后。这种不适应和滞后性与职业足球的要求差距很大,造成虽然我们转了轨,搞了职业足球,但也带来了诸多的问题,并导致了中国足球的“畸形”发展。

(二)训练水平的落后导致中国足球的整体水平徘徊不前,不升反降

中国足球屡战屡败,老百姓不满意。近年来的赛事成绩都不理想。中国足球水平“多年徘徊不前,不升反降”的原因何在?训练水平不高是最根本的一个原因,这也是竞技体育的特殊规律。现在输球后进行总结,总会说后备人才匮乏、体制不顺。这些方面和成绩都有一定的关系,但不是问题的根本,把成绩不好的原因都归结到这些方面,是在遮掩问题。竞技体育讲求“一分耕耘,一分收获”,只有练到了别人没有达到的水平,才能够赢别人,老输球说明我们的训练水平不如人家,而并不完全是别的原因。笔者认为成绩水平的高低,不取决于体制,不取决于金钱,不取决于后备,而取决于训练水平。

(1)不取决于体制。朝鲜是典型的计划经济,但他们的球队就是训练刻苦,认真地练,所以他们的成绩水平不错,起码人家从亚洲出线了,打进了南非世界杯,和巴西比赛还有一拼。大家都说职业体制好,足球必须职业化,但朝鲜足球成绩为什么能够上得去?全世界一百多个国家、地区参加世界杯预选赛,最后仅有 32 支球队能够进入决赛阶段,而朝鲜就是其中的一支。反观英格兰足球,英超办得可谓“风风火火”,市场效益非常好,但英格兰在近几届世界杯上却表现平平,打不进前四名。想当年,他们曾拿过世界杯冠军,因为足球起源于英国,他们开展得早,当时其他国家水平还比较落后,可后来其他国家水平发展起来以后英格兰的成绩就不行了。因此,足球成绩的好坏并不完全取决于体制。

(2)不取决于金钱。朝鲜经济发展落后,在球队保障方面远比中国差。在中国,优秀足球运动员的收入虽比不过姚明、李娜等个别运动员,

但在所有运动项目中算是高的了,可足球的成绩水平为什么还是不行?现在的情况下,给足球运动员多高的待遇,他们的水平也不可能马上提高上去,给他们多高的奖金,也拿不了世界冠军。因此,足球成绩的好坏并不完全取决于金钱。

(3)不取决于后备。自行车项目我们的基础大,几亿人都会骑自行车,但是我们竞技自行车的水平和世界差距太大了。反观我们那些基础薄弱的项目,短道有多少人滑,跳水全国也就二三百人练,但跳水在一届奥运会上能拿7块金牌(当然基础大了,挑选的余地会更大)。足球项目后备人才匮乏吗?多数人将2008年北京奥运会中国足球的失利归结为后备人才匮乏。事实上,出战北京奥运会的适龄队员是1985年出生的,他们到1994年职业联赛开始时为9岁,正赶上全国有700多所足校的年代,当时有多少人踢球?从里面筛选出参加北京奥运会的队伍,选择的余地应该是很大的。所以说,成绩不好关键还是训练水平有问题,而不在于基础。现在校园足球开展起来,可能比全国有700多所足校的时候踢球的人还多,但如果训练水平上不去,水平仍然是不行的。

在2011年9月世界赛艇锦标赛上,新西兰这个只有200万人口的国家居然拿了5块金牌,而德国、英国、中国划船的人多,赛艇比较发达,但谁也不如新西兰成绩好。为什么?访谈得知,新西兰在比利时建立了一个基地,新西兰冬季时比利时是夏季,运动员都在比利时基地训练,集中训练、集中管理。相比之下,中国和德国赛艇俱乐部很多,但在挑选国家队队员时,一旦觉得某人不行就轻易地调换,这样往往把人才都丢失了。而新西兰一共才200万人口,没几个人划船,他们有一个选材小组,教练员没有选材的权利,选材小组确定的运动员交给国家队训练,好坏就是这些人,再没有别人了,这样教练员会对运动员进行精雕细刻,缺什么补什么,不是来了一练感觉不行就换人。新西兰这种在比利时的集中训练,加上训练上的精雕细刻,使得他们在14个奥运会项目拿了5块金牌。所以运动项目的成绩不取决于基础的大小,这不是根本性的问题,人少照样可以拿金牌,关键是训练水平的问题。

新西兰赛艇成绩的突飞猛进启示我们，提高中国足球水平的关键问题还是训练，这是竞技体育的规律，不要找其他的原因。现在是人才一大把，资金全保障，体制又非常好，不抓训练就拿不到冠军、赢不了球，练得不好同样也赢不了球。

中国足球的训练为什么不行？足球改革后，我们将足球训练交由企业化管理的职业俱乐部去管理，而绝大多数俱乐部不懂竞技体育的规律，不懂运动队的管理，不懂运动队的思想教育，这个“三缺失”是最为严重的和致命的。管理松散了，组织性、纪律性不强，训练水平没人管了，放任自流了，训练水平下降了，所以足球水平不升反降。再加上思想教育淡漠了，球员为国争光的理想信念也缺失严重。所以中国足球水平的下降，在一定意义上讲是因为我们把多少年来管理专业运动队伍行之有效的方法和措施丢掉了，把管理、训练、思想教育等工作扔给了社会。因此足球水平不高，队伍管理不严，屡屡出现这样那样的问题，这是中国足球上不去的根本性原因。因此，不是市场火了、有钱了，或者职业化了，水平就上去了，训练是基础，根本性的问题是我们的训练不行。

（三）原有管理体制和运行机制难以适应“一步到位”的职业化改革

由于我国的足球改革是一个新的管理体制，取代旧的管理体制，是根本性的变革，是实行市场作用下的职业化足球运动，足球俱乐部要成为独立的法人实体，足球管理机构不再直接插手俱乐部的经营活动和训练比赛，足球管理机构与俱乐部必须分开，经营权和所有权必须分离，致力于建立俱乐部现代企业制度，从而进一步推动我国足球运动的深化改革，未能进行深层次的研究探讨，未能形成广泛的共识。从而造成足协管理机构权力过分集中，强制性和指令性行政手段管理职业化足球发展，忽视甚至排斥市场作用；俱乐部一方面负债率高，资金短缺，一方面无限度增加运动员的工资奖金，急功近利行为严重，社会负担太重；改革进程中产生的假球、赌球、黑哨所产生的负面影响，严重制约了我国足球运动的发展、运动水平的提高和改革前进的步伐。

欧洲各国开展职业联赛比中国开展的要早很多年，虽然在其中也出现过假球、赌球等丑闻，但并没有改变其职业化的进程，反而更刺激了足球管理机构的改革及俱乐部发展，所以问题的产生，并不是职业化的问题，而要从中国足球的外部环境和足协内部的管理中去找问题。

1. 我国职业足球管理体制的缺陷

（1）沿袭计划经济体制下的行政管理方式

在管理体制上，没有按照市场模式而是沿袭计划经济体制下的行政管理方式去管理市场化的职业足球，是导致中国足球发展滞后的根源。表现在，足球运动管理中心往往以行政手段强制管理和干预已经社会化、市场化和职业化发展的足球运动，从而引发出重重矛盾和混乱。

特殊的体制双轨并行现象直接影响和限制了足球产业化的正常发展。中国足球改革采取了先破后立的策略，即先否定旧的体制，再逐步建立和完善新的体制。因此，在相当长的一段时期内，旧的体制并没有立即消失，新体制本身因尚未完善又难以完全取而代之。这种特殊的足球体制双轨并行现象的出现在一定时期内是不可避免的，但它直接影响和限制了足球产业化的正常发展。①

具有制度创新色彩的中国式的足球管理体制。从足协来说，其身份及其职权划分都还需要进一步明确。足球运动管理中心既是国家体育总局的直属事业单位，又是中国足协的办事机构，兼具“官”和“民”双重身份，这是具有制度创新色彩的中国式的足球管理体制。对于过去由国家行政机关（体委的主管业务司、处）直接管办足球而言，这当然是一个巨大的进步。但在计划经济体制下，由于政事合一、管办不分，这种协会和政府主管部门“两块牌子、一套人马”的体制也有其优越性，政府的牌子硬，办什么事情都体现了政府行为，很容易办成。但也有很明显的弊端，

① 唐鹏. 中国职业足球管理体制研究. 河海大学硕士研究论文，2006.06.

就是政府陷入了很具体的事务性工作中，宏观管理职能无法充分行使；协会过分依赖政府，协会的职能也无法真正体现。①

(2)历史原因遗留的"权利"越位

所谓制度环境是一系列用来建立生产与分配基础的基本的政治、社会和法律基础规则。我国职业足球俱乐部的制度环境自足球职业化改革以来，尽管构建了职业足球的管理制度，但国家"政企"不分的局面仍没有在近十年的发展中得以根本性改变。行政管理模式和商业化运作模式碰撞难免使矛盾激化。我国的职业足球俱乐部脱胎于计划经济，是从计划经济体制下的专业运动队制度转化而来的。推广职业化之前，俱乐部基本上是属于非经济实体性质，大部分由企业赞助并冠名。俱乐部实行实体化以后，在经济形式上大多数是以："合资、独资、股份制"这三种形态申报成立的。但从公司治理结构上看，多数仅仅拥有"公司化"组织形式的外壳，而没有真正意义上的"公司法人治理结构"。我国《公司法》规定的有限责任公司和股份有限公司是有法人地位的，公司对股东投入的资产具有法人财产权，公司的股东只有股东权。改组为俱乐部有限责任公司或股份有限公司的形式，所有权和经营权相分离，不可避免地产生了俱乐部投资人如何控制俱乐部公司的问题。实际操作中却是足协("公司化"后的俱乐部经理)自上而下的经营权压过了俱乐部股东的所有权，俱乐部股东(董事)处于被制约被管理的地位，没有自己相应的权利。虽然在董事会领导下的经理负责制的基础上有了一些可喜的变化，但由于受到体制、观念、认识水平等因素的影响，我国职业体育俱乐部的运行机制转换尚处于局部、渐进的层面上，仍在不同程度上受到双重体制的制约，带有计划经济体制下专业运动队的一些色彩。② 体育总局(原体委)与企业合作产生的俱乐部的所有权及相关权益的归属问题成为俱乐部组建后普遍存在的问题。

---

① 王伯超等.举国体制视野下中国足球运动管理体制改革.北京体育大学学报，2006(11).

② 阮刚.足球管理体制现状及改革的内在动因分析.中国科技信息，2008(05).

体育总局作为竞技体育改革的发动者与推行者，“举国体制”下竞技体育所取得的辉煌成就，以及权力所带来的各种利益，使体委在推行职业体育俱乐部的过程中难以放弃“举国体制”的基本格局与工作思路，从而未把职业体育俱乐部真正推向市场，建立以市场为取向的运行机制。

从中国足协（足球管理中心）的职能来看，职业足球是其管理职能的一部分，其在职业足球市场开发运作过程中，兼有“官”“民”“商”的三重身份。这是具有创新色彩的中国式的足球管理体制。中国足协负责人在全国足球协会座谈会商谈到这种体制优劣时，做了精辟的概括：“在计划经济体制下，由于政事合一、管办不分，这种协会和政府主管部门两块牌子、一套人马的体制也有其优越性，政府的牌子硬，办什么事情都体现了政府行为，很容易办成。但也有很明显的弊端，就是政府陷入了很具体的事务性工作中，宏观管理职能无法充分行使；协会过分依赖政府，协会的职能也无法真正体现。”

经济学理论认为：政府在经济活动中应该扮演足球裁判员的角色，是制定规则和执行规则的，而企业则扮演足球运动员的角色，在足球场上竞争，优胜劣汰。政府不应该参与竞争性行业的活动，也不能从事经营活动。如果政府参与经营活动，势必出现承担裁判员和运动员的双重角色，制定的规则必然有利于自己，在执行裁判时也难免有欠公平。

我国职业体育俱乐部存在的“政俱不分”和“政资不分”的现象，严重妨碍了俱乐部市场机制的建立与完善，政府应尽快摒弃传统计划经济体制下的直接行政控制，采取通过市场间接管理职业体育俱乐部的方式培育与规范体育竞赛表演及相关的市场。我国职业体育俱乐部当前面临的一个严峻问题是体育竞赛表演市场发育程度低，运作不规范，出现许多无序现象，如消极比赛，“假球”“黑哨”，工资恶性膨胀，运动员转会的地下交易等，这都与市场不完善和不规范有密切关系。随着我国职业体育俱乐部的发展，职业体育的过度商业化，恶性竞争，不公平竞争等负面效应也将日益显露。政府有职责对不法行为实施监督，保障现有市场体系下的市场秩序。另一方面，职业足球是产业关联度较高的体育产业，它对其他体育产业的发展具有较大辐射力和影响,它的发展对其他体育产业依存度也高,有赖于其他体育产业的发育成熟。因此,政府也有责任积极促进体育市场的发育,扩大市场规模,完善市场体系和相关措施.政府管理职业足球俱乐部的作用不仅仅在于消除“市场失灵”给俱乐部产生的消极影响,还在于积极培育市场力量,完善市场组织,增强市场协调能力,从而促进职业足球俱乐部的发展。

(3)产权不清晰

产权是围绕着财产而形成的责任、权力和利益的关系。产权为财产主体提供资产使用的权力保证、利益激励,而支配资产所承担的责任以及在经营失误时可能对自己造成的种种损失,则构成主体行为的自我约束。明晰产权关系对经济主体具有行为激励、约束和规范的作用。职业足球俱乐部作为实体性经济组织,产权关系清晰是正常运作的基本条件。市场经济作为平等交易的经济,交易的公平性要求作为交易内容的财产权利是单纯的或纯粹经济性质的权利,任何超经济性权利的进入,将会对市场经济形成根本性的排斥。由于我国职业足球现存制度安排出现了严重错位,使得经营权制约着所有权。管理层集经营和管理于一身,制度构架决定了管理层在垄断一切体育社会资源,权利仍没有进行社会转移,而同时则把“办”职业体育的大量责任通过社会化的方式转移给社会(即各职业体育俱乐部)。①

(4)法制不健全

按照前足协主席阎世铎向新闻界的通报中所称,目前的中超联赛存在着“赌球问题”“不公平竞争问题”“关联关系问题”“赛场严重违纪问题”“裁判违法问题”。中国足协由于职权有限,面对触犯法律的案件也无能为力。尤其对“赌球问题”,上至中央(足协),下至地方(俱乐部)治赌的决心和力度不能说不大,然而效果不佳。市场经济是法制经济,法制

① 赵长杰.北美职业体育发展的成功启示及2008奥运后我国职业体育发展对策研究[R].2010.5.

缺位是中国足球混乱的重要原因之一。

由中国足协的网站可以看到：中国足球协会是全国性群众体育组织、中华全国体育总会的团体会员，其一系列职能定位决定了它是行业协会。作为民间组织，行业协会第一方面的权力基础是成员之间的契约，其法律形式就是章程，但章程制定必须在平等自愿的基础上进行，由章程所产生的组织权力必须充分体现会员的意愿，并且符合公平、公正原则。根据鉴于我国的社团登记制度，我国的行业协会在一定意义上都是行业的垄断组织，那么它就应当具有更大的公开性，其行为也不得对抗公众的监督和法律的审查。

行业协会的第二方面权力是政府委托的权力，行业协会可以接受政府委托履行部分行政管理职能。从法律地位上看，足协是足球产业的利益代表机关、是受国家体育总局委托对足球事业进行部分管理的管理机关，足协与成员间具有三层法律关系：根据成员需要而提供服务时产生的服务关系；为维护成员利益而作为成员利益代表参与或监督公共决策而产生的代表关系；基于章程约束和政府委托而对会员进行管理的管理关系。但在实践中足协管理得多，服务得少，采用行政手段管理民间事务，利用自己的垄断地位谋取市场利益，几乎等于“二政府”。它利用政府的公共权力和市场的垄断权力、民间组织的社会权力获取超越其职责的权力和利益，而且利益本位化和内部人化，造成足协与其会员之间、与其被委托的管理职能所代表的公共利益之间的冲突和不平衡，这是问题所在。因此，解决这个问题的关键是理顺职能，使国家的管理权力、行业协会代表的社会权力得以合理定位。更为彻底的做法是还体育的社会本色，实现民间化和市场化。[①] 同时，现代社会权力的安排具有明确界限，无论是国家权力、市场权力，还是社会权力都应恪守自己的合理定位。在行使权力方面，无论是私人主体还是国家机关，都应切记“审慎和节制是一种美德”，中国足协也一样。中国足协以内部规则对抗法律监督和社会监督，

---

① 刘培峰.中国足协应恪守自己的合法地位.新京报，2004(10).

不仅是越权而且是越位，它侵犯了公民的一些权利和其他国家机关（如公安机关）的职权。由此也可以看到，随着足协越权和越位凸显的是足球协会的主管机关体育总局的缺位，正是体育总局的监督不力和足协的垄断地位，才使足协的权力意识不断膨胀，服务意识日渐萎缩。

中国足球当前最根本的问题是法治问题，只有遵循党的“科学立法、民主执法、以法执政、按法办事”的方针进行改革，中国足球才会有一个美好的明天。

2. 我国职业足球运行机制不完善

（1）营销机制

我国现行职业体育组织的营销机制是指由协会领导下的职业联赛委员会负责职业联赛整体营销以及各俱乐部独自营销相结合的运作模式。整体营销具体来讲，就是由协会下属的职业联赛委员会负责经营包括联赛的冠名权、电视转播权、主赞助商的选择与确定等营销事宜。独自营销是指俱乐部有权经营俱乐部冠名权、地方电视转播权、门票收入、广告赞助（如球队冠名权、队服广告、场地广告等）、标志产品开发等。营销机制的基本特点是协会在联赛整体营销方面具有绝对的支配权。

从目前来看，协会经营联赛商务主要是委托给社会中介机构或协会下属公司经营。中国足协最先是委托给国际管理集团经营足球职业联赛的商务开发，随后又委托给下属的福特堡（Football）足球产业发展公司负责经营。这些公司主要代理协会组织的赛事商务，除了包括联赛的商务开发，如联赛的冠名权，出售电视转播权，主要赞助商的决定权等，还有门票收入提成以及运动员转会收入提成等。对于官办与民办俱乐部来讲，它们没有权利参加联赛营销事宜，而是在一定范围内各自独立营销，获取自己的收益，它们在联赛整体收益方面处于被动地位。

我国职业体育的管理制度远滞后于其自身的发展需求，规范化程度低、管理水平低，随意性强。在联赛中，协会（中心）的行政指令包揽一切的现象时常存在。在俱乐部中，董事长或总经理的权力过于集中，仍沿用专业队的一套管理制度；俱乐部外部经营不规范，俱乐部经营没有完全纳入法制的轨道,缺乏相应的管理体制。处理俱乐部各种利益冲突与矛盾时,以政府行政手段代替法律手段的现象明显;政府在有关职业体育俱乐部管理、发展政策等方面尚存在空白,部门规章制度也未出台等法律缺陷,这些将危及职业体育俱乐部的生存与发展。[①]

当前的各种形式或体制的俱乐部有一定的共性:一是俱乐部为职业化发展提供了一定的资金保证;二是大部分俱乐部是由出资企业进行运转的;三是俱乐部的经营创收大部分是利用企业的优势进行的,在通过足球市场进行开发创收、支持俱乐部发展方面做得较好的极少,即使在北京、上海、广东这样经济比较发达的沿海大城市,初级足球产业开发的收支最多只能相抵而已。大部分俱乐部财政来源的资助性收入多于经营性收入,输血功能大大强于造血功能。

中国足球市场中表现出的投入大、产出小的倾向,说明中国足球产业尚不成熟。许多俱乐部自身的经营能力还不能适应职业足球的要求;部分企业集团在介入职业足球时,缺乏长远考虑,追求短期效应,忽视或不懂得如何去进行足球市场的经营开发;还有的俱乐部在球员的工资、转会费、比赛奖金等方面盲目拉高,有的甚至高达一场比赛奖金百万以上;有的每年仅在俱乐部一线运动员、教练员身上的投入就达一两千万甚至三千万。这些经营严重无序的现状引发整个足坛的盲目攀比,使自身、也使整个职业足球的经营陷入混乱。

内部造血机制难以健全,足球职业化便难以为继。唯一的出路是建立和完善俱乐部自负盈亏、自我发展、自我约束的机制和公开、公平竞争的市场环境,实现人才和资金资源的合理配置,这是足球真正走向市场、走向职业化和健康发展的必要条件。在缺乏经营压力的社会环境下,俱乐部实施现代企业制度的动力必然不足,从而妨碍足球的产业化进程。从近几年足球改革的实际情况来看,中国足球俱乐部之间尚无严格意义上的现代企业竞争,更多的还是俱乐部背后企业集团财力的竞争。中国

---

① 张锐等:《中国足球之殇》,辽宁体育科技,2009(03).

足协在 1997 年曾要求建立资本金制度和资产经营责任制，逐步把自负盈亏的责任和压力推给俱乐部，这是深化足球改革的大势所趋，但从实际情况看，离这个要求还有相当的差距。①

(2)市场约束机制不完善

我国竞技体育职业化在新旧体制冲突下，在多元化利益格局的共存和博弈中，必然要出现利益的协调问题。从国家与地方的观看，国家利益更多表现在实施奥运战略上，而地方的着力点主要在全运会战略；从项目管理中心与俱乐部的关系看，俱乐部是以追求利润最大化为基本目的，而项目管理中心是以保证国家奥运战略为核心；从集体与个人角度衡量，运动队要求运动员个人利益服从队伍整体利益，而个人则会要求集体利益在某些情况下为个人利益服务。在市场经济条件下，职业竞技体育俱乐部作为职业竞技体育人力资本产权交易的协约组织，是自主经营、自负盈亏的经济实体。国家作为其中的一个大股东，难以避免既当运动员又当裁判员的现象。国家一方面制定制度、规章和规则，安排职业竞技体育服务质量、生产时间和地点；另一方面又干涉职业竞技体育俱乐部的具体经营活动，致使无法真正履行好自己的职能。特别是职业竞技体育俱乐部的剩余控制权由整合投资企业共同所有，由于政府的目标是最终比赛的名次和奖杯，而企业的目标却是通过职业竞技体育服务营销提高企业知名度，增加广告效应，二者难以统一。一物多主，使得职业竞技体育俱乐部无所适从，最后往往不欢而散。②

足球职业体育经营的核心产品是足球职业体育联赛，所以说联赛水平是衡量一个国家足球体育发展重要标准。足球职业体育联赛是建立在各俱乐部之间职业赛事，是相互合作的竞争中滋生的，并非一己之力。而联赛的激励制度是各俱乐部在联赛中发展的动力，约束机制是维持联赛正常运转的基本保障。

---

① 高艳丽等. 我国职业足球联赛赛场秩序存在的问题与规范措施. 上海体育学院学报，2005(03).

② 谭华等. 中国的职业足球联赛与足球改革. 体育文化导刊，2008(01).

(3)行政指令的决策机制不健全

决策机制主要表现在决策权,决策权是由经济主体出资情况所决定的。如前所述,由于我国职业足球的管理体制,是在中国足球管理中心统一领导下,以俱乐部为"资本"进行职业足球市场开发的。而在足球管理中心与各个职业足球俱乐部之间,既无行政隶属关系,又无产权法律关系的情况下,对于我国职业足球市场的整个开发运作以及经营范围、利益分配形式都由足球管理中心来决策。决策过程一般是由足球管理中心先提出方案,再召集各俱乐部老板就方案内容进行讨论(有时还未征求俱乐部方的意见),然后由足球管理中心决定。虽然在决策过程中有召集俱乐部方征求意见的程序,但俱乐部方只有发言权,并无表决权。造成这种情况的主要原因,是职业足球联赛的产权不清所至。[①] 我国竞技体育长期以来一直由政府统一管辖,形成了集权式的指令管理模式,并具有一定权威性和号召力,以及在长期的竞赛管理中积累了一定经验,这些构成了足球管理中心的"无形资产",但这些"无形资产"并没作"产权界定"。另外,各个职业俱乐部也是联赛的投资者,投入了"人、财、物",应该具有决策权,但也未作"产权界定"。正是由于联赛产权的不明晰,加上中国足协在联赛初始时的启动作用,和长期计划经济条件下形成的行政性管理的惯性作用,造成了目前这种多家投资,足球管理中心一家说了算的决策机制。这种决策机制也很容易出现决策者的利益与俱乐部的利益相矛盾的现象。

(4)动力机制动力不足

动力机制的实质在于通过满足企业主体的利益,使其以积极的态度,调动其潜在能动性,实现企业的计划和任务。在我国,由于职业足球管理体制具有"双轨制"特点,决策权主要把持在足球管理中心,由于在整个体制系统中,足球管理中心与俱乐部之间对开展职业足球在目标上的差异,必然导致在利益分配方面不尽合理。

---

① 郑萌.中国足球发展改革与举国体制创新思维.天津体育学院学报,2009(05).

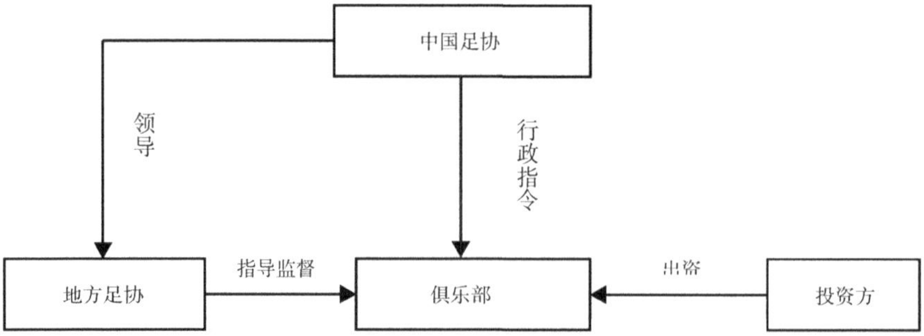

图 7　我国职业足球管理体制图

升降级制度是具有我国职业足球特色的动力机制之一。因为,在我国职业足球联赛中包括中超、甲 A 和甲 B 不同级别的三个联赛。高级别的中超球队从足球管理中心可以获得比甲 A 和甲 B 球队更多的经费,并且更容易得到赞助商和广告商的支持。因此,各个俱乐部为了得到较高的经济效益,都会为保级或升级而战。使比赛场面更加激烈。但由于管理中存在的问题,有些队为了保级,不择手段,采取一些“地下活动”,导致“假球”、“黑哨”现象出现。对于运动员、教练员来说,工资、奖金的发放都制定了比较明确的条款,如根据运动员的等级、比赛成绩以及取胜场次等进行分配。而这些都是由俱乐部来实现。

(5)创新机制有欠缺

这里的创新是指产品的创新。在职业足球市场中,竞赛是主产品。竞赛产品质量水平的高低,是直接影响职业足球市场发展的关键因素。为了稳定和不断扩大职业足球市场,就必须使足球竞赛产品始终保持在一个较高质量水平上,具有较高的观赏性,更好地满足观众对足球竞赛的多样化的需求。一般来说,足球竞赛产品的创新,主要是通过竞赛规则的改变和新球员的引进来完成的。①

① 钟秉枢,李少丹,金宗强等. 中国足球发展的白皮书(草稿). 2010 年 9 月.

(四)足球管理部门的人员和从业人员为国争光、为国拼搏思想淡薄,缺少了“球魂”

基于上文提到的职业化改革带来的四个“转变”,使得我们的从业者(足球教练员、运动员、裁判员、管理人员等)在观念上、思想上都非常不适应。因为他们的思想和观念都有很深的计划经济体制和专业队体制的烙印,这样完全一步到位地转到职业化,他们非常地不适应,因此产生了诸多矛盾,也引发了诸多的问题。表现在,对足球发展中出现的新问题、新情况缺乏认真的论证和研究,又急于求成,造成了对职业足球难以进行有效、有序管理。在决策上也出现过失误,如在条件不成熟的情况下推出中超联赛;盲目地将中超扩至16支队伍;打破属地管理的界限,把职业俱乐部作为中国足协的集体会员,直接归中国足协领导①。

---

① 国家体育总局政法司. 关于足球问题的调研报告. 2009. 11.

第七章

亚洲足球强国(日本与韩国)的调研体会与启示

一、日本足球的调研体会与启示

(一)制定统领各项工作的中长期足球发展规划

1996年日本成功获得世界杯举办权,但由此带来的喜悦并没有让日本足协停下前进的脚步,当年他们就提出了日本足球发展的“百年构想”。构想的短期目标为:提升日本足球设施,每年增加足球人口100万,将日本注册球员由现有180万人增加到500万人;在现有J1、J2联赛基础上,力争全国47个都道府县都有职业队;到2015年日本国家队进入世界排名前十位,同时日本足协的工作评价以及裁判员水平也进入世界前十位。构想的长远目标是到2050年日本单独主办世界杯,并在那届世界杯上日本队捧起大力神杯。“百年构想”是日本全民体育和全民足球发展的远景方案,所谓百年是为了表达一种拼尽全力实现愿望的决心。伴随2002年世界杯的筹办,“百年构想”开始启动,为日本足球的发展带来了迅速而深远的变化:1998年日本队首次进入世界杯,2002年日本队在本土举办的世界杯上获得了空前的成功,之后不仅日本国家队连续获得世界杯参赛资格,而且各级青年队也均跻身奥运会、世青赛,职业联赛稳步发展,足球运动在全国的普及程度不断提高,足球人口显著增加。日本足球的“百年构想”不仅仅是一个关于国家队成绩的远景目标,而是一个包括足球事业发展诸多方面的综合性长远规划。

我们应当借鉴日本足协的做法，制定我们的中长期足球发展规划，并以此统领足球事业的各项工作。置身于世界足球强国之林是我们努力的方向，实现这一目标不是一蹴而就的，需要科学规划，卧薪尝胆，经过长期而艰苦的奋斗，扎实推进足球事业整体向前发展。因此我们应在充分考察我国足球发展历史、基本现状和未来发展潜力的基础上，科学制定我国足球事业的中长期发展规划，不仅包括国家队成绩的提高，还要包括足球事业诸多方面的全面发展和进步。

（二）重视足球运动的普及，重视青少年足球的发展

自 1993 年以来日本职业足球联赛迅速发展，如今在职业联赛运营、职业俱乐部建设，以及俱乐部竞技水平等方面在亚洲都已是首屈一指。但日本足协并没有因为职业联赛的迅速发展而有丝毫的懈怠，没有简单地认为职业足球的发展必然会带来本国足球竞技水平的显著提高，而是始终清醒地认识到提高足球运动的普及率，大力发展青少年足球才是提高日本足球整体水平的根本。因而他们始终不遗余力地采取各种措施在全国范围增加足球人口，扩大足球运动的普及，特别是在青少年中的普及；在此基础上，通过制定《强化训练指导方针》、建立“训练中心体系”、广泛开展学校足球活动来提高青少年足球竞技水平。正是由于日本足协始终重视足球运动在青少年中的普及与提高相结合，才使得如今日本足坛人才辈出，竞技水平始终能够在亚洲保持领先。

我们可以借鉴日本足协在开展青少年足球方面的成功做法，采取有效措施努力提高我国足球运动的普及率，不断增加全国的足球人口，特别是青少年足球人口，在广泛普及的基础上不断提高青少年足球竞技水平。首先是广泛开展学校足球活动，举行全国或地方性中小学足球联赛，鼓励俱乐部在深入当地社区、学校进行足球宣传，支持并鼓励各省区市足协大力开展青少年足球活动等。其次是制定并大力推广既符合中国实际又与国际先进足球训练理论接轨的青少年足球训练大纲，作为全国青少年足

球竞技训练的指导,提高我国青少年足球训练的科学化水平。最后是可以借鉴日本"训练中心体系",建立中国特色的足球后备人才培训体系。根据日本的经验,足球后备人才的培养既不能完全依靠职业俱乐部,也不能通过完全独立于普通教育的长期专业化的集训,日本的"训练中心体系"可以保证青少年球员一边接受正常的文化教育,一边进行业余足球训练,又可以使优秀后备人才有机会定期接受专业化、科学化训练,有效提高竞技水平,对于培养和选拔全面发展的足球后备人才较为有效。

(三)俱乐部应扎根主场城市,努力与社区建立广泛的联系

经过16年的发展,J联赛在联赛运营和职业俱乐部建设等方面取得了显著成绩,无论是场均观众人数、联赛经营开发、俱乐部运作以及球迷文化等方面均明显领先于亚洲各国联赛。J联盟及各俱乐部,始终非常注重球队扎根的主场城市,将主场城市作为自身生存与发展的土壤。俱乐部通过深入社区进行联谊、宣传互动等活动,做好球迷服务,在社区学校开展足球活动等方式,努力与所在城市社区建立广泛联系,提高主场城市市民的归属感。

中国职业足球俱乐部也应当提高对于扎根主场城市的重视程度,通过与城市社区建立广泛联系,提高主场城市市民的归属感,来不断改善自身的运营空间。与此同时,这样也可以营造有利于足球运动发展的良好社会环境,形成社会足球文化氛围,也有利于促进足球运动在全社会的普及。

(四)提高国家队事务的管理水平

由于国家队在国际大赛上的成绩很大程度上影响着日本足协的收入,事关日本足球事业的发展,因此日本足协十分重视国家队的相关事

务。他们不仅为国管部配备了12名专职工作人员,而且各级国家队的教练、科研、医务、新闻、装备等方面的人员配备十分充分,他们极为重视国家队训练比赛年度日程的制定,重视国家队热身对手的选择,重视与国家队运动员所在俱乐部的沟通协调,同样也注重维护国家队运动员的切身利益。

我们应当学习日本国家队在训练比赛安排方面高度的计划性。一来可以与国际足坛接轨,有助于我们联系高水平的热身对手,提高国际比赛的整体水平和商业价值;二来有助于协调好国家队比赛与联赛的关系,以及足协与相关俱乐部的关系。要提高国家队年度日程的权威性,一旦制定不可轻易更改。我们还应当学习日本国家队能够充分照顾相关方面的利益,如国家队运动员的切身利益和运动员所在俱乐部的利益,实现多赢的局面。

二、韩国足球的调研体会与启示

(一)应当借鉴韩国在青少年后备球员集训方面的经验,抓好各级国家队的竞技备战

韩国和日本都是亚洲足球强国,但两国足球运动的开展情况却差别明显。韩国人口仅有4600余万,足球人口比例为0.04%;而日本人口则有1.2亿,足球人口比例为0.58%,无论是足球人口数量还是足球普及率,韩国都和日本相差很大;此外,在职业联赛运营、职业俱乐部建设、青少年足球普及与开展等诸多方面,韩国也差距明显。尽管如此,但无论是在亚洲大赛还是国际大赛上,韩国各级国家队的成绩比日本都毫不逊色,甚至还创造了从1986年至2010年连续参加7届世界杯的出色战绩,并且2002年还历史性地闯入了世界杯四强,涌现了以朴智星为代表的一批

驰骋欧洲足坛的球星。这说明韩国足球在各级国家队竞技水平提高方面做得非常出色。其中从 12 岁球员抓起,在全国范围内挑选青少年后备球员进行定期集训,对于提高各年龄段尖子运动员的竞技能力,提高各级国家队的竞技水平是一个较为有效的做法,值得我们借鉴。

我们应当学习韩国足协的做法,在全国选择若干个地点设置区域性足球训练基地,从 12 岁起在各地区选拔优秀的小球员利用寒暑假等进行集训。其中水平突出的和有潜力的球员,以及其他出色球员进入下一年度各地区的 U13 集训,U14、U15 等以此类推,直至与各级国家青年队和国奥队对接。基地可以利用各地方的场地设施,中国足协派专人负责各地区的每期集训工作,同时选派优秀的青少年教练员进行指导。参加集训的球员数量随着年龄的增长而减少,从某个年龄段开始集训可以到中国足协训练基地中进行。像这样抓好一定数量优秀青少年球员的选拔和培养,能够一定程度上有效保障各级国家队的后备力量,对于提高我国各年龄段尖子运动员的竞技能力,提高各级国家队的竞技水平应有一定帮助。

(二)应当加强对于各级国家队的技术保障

在坡州基地内办公的韩国足协技术中心给考察组留下了深刻的印象,除了教练员培训、优秀青少年球员选拔和集训之外,中心还有一项非常重要的职责,就是对于各级国家队的技术支持。技术中心设有专门为各级国家队进行技术保障的部门,5 名专职工作人员分工明确,密切配合,负责研究制定国家队训练方案、收集比赛信息等诸多方面的技术保障。可以说,韩国各级国家队长期以来能够不断取得优异成绩,与韩国足协技术中心出色的技术保障工作是分不开的。

我们应当借鉴韩国足协在这方面的经验,加强中国足协对于各级国家队的技术支持与保障。应当加强相关工作人员的配备,由专职人员负责协助教练组研究制定各级国家队的训练日程、选拔国家队运动员、制定国家队适应性训练方案、制定国家队热身对手的选择方案等，分析研究世界足坛最新训练理论，搜集分析比赛对手信息等。

（三）加强教练员培训工作

韩国足协有详细而严格的教练员等级制度和较为完善的教练员培训制度，拥有一支水平较高的教练员讲师队伍，定期引进欧洲足球先进国家的教练员培训教材免费向各级教练员发放。我们应学习韩国足协这方面的经验，特别是注重引进并向各级教练员介绍欧美足球先进国家最新的训练教材和信息。精心挑选适合我国的国外优秀足球训练教材，投入专门经费进行翻译和出版，向国内广大注册教练员发放，使中国足球界能够不断吸收和借鉴足球先进国家的最新发展成果，紧跟世界足球发展潮流。

（四）应当进一步加大裁判员培训和管理力度

韩国足协高度重视裁判员的培训和管理工作，有完善而严格的裁判员等级制度和裁判员培训制度。为了进一步提高裁判员队伍的整体水平，韩国足协一方面从少儿抓起，专门设置了针对 12 岁以上小裁判的等级培训，另一方面加大了高水平裁判的培训力度，每年出资选拔成绩优异的裁判员赴欧洲接受为期两周左右的专门培训。我们应当借鉴韩国经验，进一步加大裁判员培养的力度，一方面从青少年抓起，使高水平裁判员能够源源不断地涌现；另一方面更加注重请进来与送出去，使裁判员能够始终紧跟国际先进水平。

（五）慎重对待职业联盟的问题

韩国职业足球联赛原本由韩国足协负责管理和运营，前几年职业联赛专门组建了职业联盟——K 联盟，全权负责职业联赛的运营。K 联盟完全独立于韩国足协,代表全体俱乐部的利益,足协几乎不涉足任何联赛事务。据韩国足协同仁介绍,目前韩国足协与K联盟在国家队事务方面分歧严重,双方之间矛盾较大。虽然K联盟原则上同意在国家队比赛方面给予配合,支持职业俱乐部运动员参加国家队的集训和比赛,联赛一般情况下也会为国家队比赛让路;但实际上,作为全体职业俱乐部代表的K联盟的利益与韩国足协的利益往往并不一致,有时甚至会发生抵触,因此足协在抽调职业俱乐部运动员参加国家队集训和比赛时,经常会受到职业联盟方面的压力,甚至是抵制。

韩国足协同仁向我们建议,中国应当慎重对待职业足球联盟的问题。韩国的经验告诉我们,随着职业联盟的成立,韩国足协也就失去了对于职业联赛及职业俱乐部的管理和协调的能力,在国家队事务等方面受到来自职业联盟的掣肘,工作效率大为降低。因此,为了保证中国足协能够协调好联赛与国家队两方面工作的关系,保证国家队的集训和比赛能够顺利进行,现阶段中国暂时不宜成立职业联盟。

(六)进行有关远离足球赌博的宣传教育

应借鉴韩国足协和K联盟的做法,加强有关抵制足球赌博的宣传教育工作。可采取印制宣传品、组织主题宣传、举办研讨会等,时时警示球员、教练员及相关人员参与赌球的严重后果,使其增强自觉抵制足球赌博等社会不良风气侵蚀的意识。

第八章

我国职业体育经营的 SWOT 分析

历经十余年的发展,我国职业体育经营已初具规模,21 世纪以来,伴随着经济迅速发展,我国职业体育迎来了前所未有的机遇,然而目前我国职业体育的发展已面临诸多瓶颈问题。如何打破瓶颈,使我国职业体育得到迅速健康的发展,为此将运用 SWOT 分析法对我国职业体育产业经营进行客观与翔实的分析。SWOT 分析法是指为了综合分析企业内外环境对企业的影响,达到内外环境的协调和最佳配合,企业通常采用优势、劣势、机遇、挑战分析,即 SWOT(Strengths, Weakness, Opportunities, Threats)分析。运用 SWOT 分析能迅速掌握职业体育的经营态势,是一种系统分析的工具,其目的在于对职业体育经营的内外部的综合情况进行客观公正的评价。运用系统分析的综合分析方法,将矩阵中的各种因素相互匹配加以分析,得出我国职业体育经营对策。

一、我国职业体育经营的外部威胁

(一)世界经济全球化促使国际职业体育竞争激烈

伴随着世界经济全球化和北京奥运会的成功举办及入世五年过渡期的终结,未来我国体育市场将进一步加速开放力度。经济全球化带来了国际自由贸易的冲击,国内的体育市场逐渐国际化,国外体育资本在国内将急速扩张,使得国内体育资本的市场份额急剧下降,其最终结果可能会导致国内体育企业重组或被兼并,乃至成为国外体育企业的附属品。同时，随着外资体育企业和知名品牌企业纷纷抢滩中国，我国体育产业本身缺乏经营管理人才，同时又会受到国外企业进入国内市场后因扩张需要而大量吸收人才，这就势必造成国内体育企业经营管理人才的严重缺失，使国内企业的国际竞争力被削弱，遭受外资和外国品牌的围攻而陷入困境。

（二）我国经济转型期职业体育产业面临严峻挑战

我国职业体育还是新兴产业、幼稚产业，恰逢我国正处在经济转型，体制转轨的时期[①]。职业体育在发展中自身暴露的问题迅速衍生，其自身结构的不平衡性是制约我国体育产业发展的桎梏。在经济转型中，计划经济向市场经济过渡使国有职业体育俱乐部面临体制改革的困境；在市场发展中，伴随职业体育产业的迅速发展国内市场不断扩大，其职业俱乐部产权关系过于复杂，已经不适应市场经济发展的需求。同时面临未来国外职业体育组织的介入必将形成中资企业与外资企业强烈竞争的局面；在城市化进程中，我国体育产业发展存在着地域不均衡性和产业项目不平衡性的矛盾；职业体育经营理念的落后以及管理人才的严重匮乏等问题，尤其是在产业结构、规模及其比例方面，都存在着严重的不足。

（三）市场开发薄弱

我国竞技体育职业化十余年，职业体育的经营机制主要有政府主导。目前我国的职业体育只初步形成了一个由职业体育俱乐部参与，由我国体育行政部门以及具有准政府性质的体育协会（中心）负责组织、管理和经营职业体育联赛的一种协会管理制度。[②]

---

① 张建君. 论中国经济转型模式[M]. 中共中央党校出版社. 2008 年 9 月.

② 王庆伟. 我国职业体育联盟理论研究[D]. 北京体育大学，2004 年 6 月.

职业体育的本质是市场经济化、社会化,与之相对应的就是计划经济化、政府化。① 如图8所示,我国职业体育的经营模式是协会负责经营开发,项目管理中心全面负责管理联赛。然而协会和中心属于"两块牌子,一套人马",隶属于公共部门,其内在特征决定了它对联赛与俱乐部相关行政干涉;再者协会对联赛并非直接经营,可能会通过增加中间环节(如利用中介公司)而加大联赛运作成本;即使退一步讲,作为公共财政拨款单位,由于俱乐部的生存与发展和自身利益并无必然联系。因此,这种人为地调节资源、支配资源是与职业体育经营的本质是不对称的,致使联赛经营机构政府属性与联赛市场化运作格格不入。

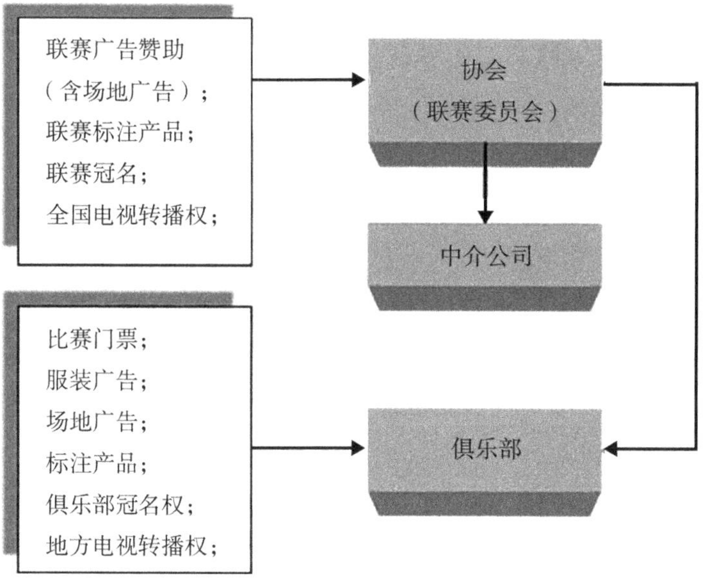

图8 我国职业体育营销机制示意图

我国职业体育发展模式是竞技体育职业化,在计划经济体制下的专业运动队是政府行政机构的附属物,行为取向是非市场性的,基本上不存在经营活动。一些职业俱乐部从专业队转制后,只是为了筹资而做一些形式上的变化,改制只是手段,目的是向社会筹集资金。因此造成我国职

① 钟秉枢.职业体育理论与实证[M].北京体育大学出版社.2006年9月.

业体育经营开发缺少力度,俱乐部对市场开发投入较少、依赖性较强,从根本上忽视职业体育无形资产的开发和经营。

(四)外部规制悖理

职业体育俱乐部是市场经济的产物,而市场经济的实质是法制经济。① 北美职业体育的成功不仅有赖于完善联盟组织,同时合理外部法制为北美职业体育发展创造了良好的环境。虽然中国职业体育联赛组织和北美职业体育联盟的性质都是行业组织,两者联赛都是一项以营利为目的的经营活动,但是中国目前职业化的联赛组织并非真正的职业体育联盟。其区别不仅限于组织目标、结构、权力、参与者、自治权的巨大差别,同时外部法制存在着较大差异。北美职业体育中,自治是职业体育组织最本质的要求。然而我国体育总局下设的单项体育运动管理中心有行政垄断的嫌疑,而职业体育联赛组织属于社会团体的形式,要接受有关社会团体的法律的调整。所以我国职业体育束缚于的法制建设远远落后于发展的要求,其规范化程度低,行政管理有加,而且政出多门,随意性强。这种状况不改变,职业体育的经营现状难以改变。近年来法制匮乏所暴露的问题突显,中超赛程支离破碎,甚至已经近乎失控。2008 赛季中超联赛出现了"武汉退赛",同时这项中国足球的顶级联赛在进行到收官阶段被央视"停播"。同一年中武汉退赛、辽宁降级、大连保级,中超联赛这三件事都应归因于我国职业体育的法规制度的邂逅。如果我国职业体育的法制建设长期处于这一状况,将危及职业体育的生存与发展。

(五)金融危机对全球职业体育的影响

由美国"华尔街金融海啸",引起的世界金融危机从 2007 年 8 月开始

① 徐连军. 我国职业体育俱乐部市场运行机制缺陷及其应对策略[J]. 北京体育大学学报,2006 年 29 卷 6 期.

席卷美国、欧盟和日本等世界主要金融市场,其危害性一直持续到今天。在这场严重的金融危机中,百年老店雷曼兄弟轰然倒下,整个冰岛濒临破产,世界经济增长被投下浓重的阴影。很多人担心当今世界面临的是一场空前绝后的金融危机。

金融危机下,首先遭到重创的就是金融机构,其次是像汽车制造业这样的一些实体经济。唇亡齿寒!当全球金融危机将老板们弄得焦头烂额、腰包吃紧时,世界体坛同样在劫难逃:全球经济环境的恶化,让以市场为基础的全球职业体育都感受到了不同程度的压力,不论是仍然火热的欧洲职业足球联赛,还是正在进行中的美国职业橄榄球、职棒赛季,以及新赛季的NBA,高尔夫、F1赛车乃至帆船等豪华职业项目,都已被笼罩进去。体育这个看似与金融没有太多联系的行业,因为市场化的日益深入也深受其害。

当体育不和职业挂钩的时候与经济的衔接就不会太紧密,那么金融危机的影响也就仅仅停留在收入下降和对人们业余兴趣爱好的冲击上。但是我们知道体育职业化是商业社会的必然结果,而体育商业化也是大势所趋,体育这个产业随着商品经济的不断发展和商品经济在世界范围内逐步形成一个有机的整体,一旦爆发金融危机将会带来多米诺骨牌效应,产生连锁的后果,进而冲击世界职业体育发展。

当前职业体育经营者的财政收入主要来源于赞助费收入(冠名权转让收入)、门票收入(主场经营权收入)和电视转播的转让收入,同时还要取决于经营者对俱乐部的运作情况。主要从以上四个方面分析金融危机对世界职业体育的影响。

1.金融危机使全球职业体育的赞助商数目大量减少

赞助费收入是世界职业体育最关键的经济来源,而赞助商则主要来自金融业和汽车制造业。在金融危机的冲击下银行破产倒闭,汽车制造商减产或停产,赞助商遭受重创,职业体育赛事焉能置身事外。为此,下文主要分析了金融危机对几大"烧钱"赛事赞助商的影响:

(1)金融危机使美国 NBA 的赞助商减少

在金融危机的影响下,当地时间 2008 年 9 月 25 日,美国储蓄管理局在声明中表示将关闭华盛顿互惠银行,这成为美国历史上倒闭的最大规模储蓄银行,其倒闭意味着 NBA 的奥兰多魔术、圣安东尼奥马刺、NFL 的达拉斯牛仔、奥克兰突袭者、旧金山 49 人等俱乐部同时失去了一个大赞助商,而冲击最大的是 NBA 联盟,因为那几年的 NBA 选秀大会都是由华盛顿互惠银行冠名,但是以后的选秀大会上"Washington Mutual"的标志将不会出现。

(2)金融危机使全球职业高尔夫的赞助商减少

据统计,高尔夫产业的收入至少有 25%源自金融业的赞助,而美巡赛更是有 30%以上的赞助合同由银行、投资公司、信用卡发行商或金融咨询公司买单。AIG 作为世界保险和金融服务的领导者,是高尔夫广告大户,在美巡赛的众多赞助商中拥有一席之地,但是在金融危机下,由政府接管的 AIG 很有可能撤销对高尔夫赛事的赞助。还有一些高尔夫赞助商本身已经倒闭或被并购,当然也就无法继续提供赞助,即使还能勉强维持的银行、投资公司等金融机构也都忙于自保,宣传费用的削减在所难免,高尔夫当然首当其冲列于其赞助削减之列。

(3)金融危机使全球职业赛车的赞助商减少

2009 年加拿大汽车大奖赛因经济原因被国际汽联宣布取消,2009 年法国汽车大奖赛也因难以为举办赛事筹集到足够的资金,由法国汽车运动联盟宣布取消。在世界赛车历史上,本田一直扮演着重要角色。那几年本田每赛季为 F1 耗费 4 亿美元,这次宣布退出,也折射出金融危机下众多跨国企业的选择:收缩财源,攥紧拳头,面对风险。

(4)金融危机使 2012 年伦敦奥运会的赞助商减少

2012 年伦敦奥运会预算为 10 亿英镑,其中 7.5 亿来自赞助商,由于不少银行赞助商和汽车制造业赞助商的破产,伦敦奥运会不得不"节衣缩食"。奥运村的预算大幅缩水,原本计划耗资 4 亿英镑的主新闻中心以及广播中心的修建计划很可能"停摆"。在这种情况之下,伦敦方面已经对举办奥运会流露出了一丝悔意。

2. 金融危机使全球职业体育的观众数目急剧减少

作为职业体育的另一重要经济来源——门票收入在金融危机下也有很大缩水。金融危机直接影响到了球迷的钱袋,很多人面临失业、降薪的危险,球迷大多囊中羞涩,观众在赛事与面包之间必然选择了面包。

据 NBA 官方网站统计,在纽约的麦迪逊广场花园体育馆,一家四口观看一场篮球比赛至少花掉 200 美元。而且,美国球迷观看篮球比赛时要喝饮料,再加上孩子的小吃、体育馆的停车费、汽车的油费,总共开支要 300 美元以上。如果是球队的铁杆球迷,一个赛季的 41 场常规赛连续看下来,一家四口的看球开支高达 12000 美元,对于普通收入的家庭来说,委实是一笔巨大的开支,因此在金融危机的年代,相当数量的球迷将会减少到球场的次数,购买季票的数量也会相应减少。有不少美国 NBA 球迷由于无力购买新赛季球票,只能观看电视转播,甚至有少数球迷宁愿付违约金,也要退掉季票。

欧美的网球迷也受到了金融危机的影响,不得不放弃去现场观看网球比赛。美国中密歇根大学市场学教授布鲁斯·艾伦是个铁杆网球迷,他今年也没去现场观看温布尔登大赛,而他以往总是每赛必到。艾伦教授承认:“我想退休,但是经济和股票市场的恶化让我不得不继续工作,而且温布尔登比赛时恰好学校有课,我不能为了网球放弃难得的工作。”

NFL(橄榄球联赛)、NHL(冰球联赛)、NBA(篮球联赛)和 MLB(棒球联赛)被称为美国四大职业联赛,它们是美国体坛的“聚宝盆”。尤其是棒球被视为美国“国球”,职棒大联盟(MLB)是四大职业联赛中吸引观众最多的。可一年来,棒球观众人数从每场 30751 人降到 28591 人,平均下降了 7%。30 支俱乐部中有 19 支俱乐部的观众平均数不同程度出现下滑。

3. 金融危机使转播商对高昂转播费望而却步

以奥运会转播为例,北京时间 2008 年 12 月 11 日,国际奥委会在瑞士洛桑宣布,奥运会美国地区的独家转播权竞标将推迟到转年年底进行,原因是金融危机造成美国各大广播公司暂时无意参与转播权的竞标。按照传统,国际奥委会将于2008年年底与美国各大广播公司商量新一轮奥运转播权的竞标事宜,包括2014年的索契冬奥会和2016年夏季奥运会的转播权出售。以往,奥运转播权是各大广播公司追逐的对象。但受金融危机影响,美国各大广播公司对竞标转播权热情不大,国际奥委会不得不将竞标时间一拖再拖。

4. 金融危机使俱乐部背负着沉重的外债

金融危机从美国蔓延到世界的每一个角落,就连足球事业发展得如火如荼的欧洲亦不能幸免。

欧洲足球经济学家估计,欧洲五大联赛俱乐部目前负债总额高达70亿欧元,沉重的外债使得欧洲职业足球运作起来步履蹒跚。五大联赛中最为火爆的英超、意甲和西甲三家联赛中的俱乐部也是欠债最多的。英超俱乐部外债高达38.5亿欧元以上;意大利职业足球俱乐部的外债也达到了20多亿欧元。一些昔日与银行业关系密切的英超球队正面临着严峻的考验。以欧冠冠军曼联为例,他们的胸前广告赞助商是美国国际集团(AIG)。作为曾经的世界市值第三大的金融机构,美国国际集团在2008年的损失100亿美元,公司股价暴跌40%以上,最后被美国政府以850亿美元"接管",而对曼联队的赞助也到此为止。

总之,全球金融危机下职业体育的经营者,必然会变革和完善现有的赛事运作机制,主动采取措施应对经济危机。同时,赛事运作机制的变革与完善又会推动体育产业变革和发展,从而带动全球经济的发展,使我们更好地应对金融危机。

二、我国职业体育经营的外部机遇

(一)政府的大力支持提供保障

我国职业体育是在政府和市场的双重启动下产生的,在中国竞技体育步入职业化道路的过程中,政府和市场表现为不同的推动力量,这两种力量的结合,堪称世界体育职业化过程中的一个经典范例。①

我国自实施"举国体制"以来,为奥运争光计划每年要消耗大量的人力、物力、财力。据资料显示我国每年竞技体育经费大约占体育事业经费的 70%左右,竞技体育巨大的资金需求对国家财政造成沉重的负担,显然政府对竞技体育的一元投资已经越来越不适应市场经济的发展。伴随着我国市场经济发展,我国竞技体育市场化需求进一步提升。国家体委于 1992 年发布了《关于深化体育改革的决定》,并提出,要建立与社会主义市场经济相适应的,符合现代体育运动规律,国家调控,依托社会,有自我发展活力的体育制度和良性循环的运行机制,形成国家办与社会办相结合,集中与分散相结合的格局。还提出了竞技体育要推进运动项目协会实体化,部分项目向职业化过渡,体育职业俱乐部将随着市场经济体制的建立而不断完善。

(二)市场的更高需求提供动力

改革开放以来,随着我国社会主义市场经济的确立,我国的综合国力大大增强,城乡居民的收入水平大幅增长。按照恩格斯的观点,人类社会

---

① 张文健. 职业体育组织演进与创新[M]. 北京体育大学出版社,2006.

的消费层次依次为生存消费、发展消费和享受消费，体育消费属于发展消费和享受消费，是人们为了追求文明、健康、快乐的生活方式而进行的消费。目前我国的体育人口逐步增加，消费结构朝更深的、更高的层次发展，体育劳务消费被大幅度提高，主要表现为一种活动，如观看体育表演、体育娱乐、体育旅游等。社会大众对体育产业的更高需求为职业体育的发展提供动力。

（三）和谐社会的构建创造空间

树立和落实科学发展观，构建社会主义和谐社会，是党和政府从全面建设小康社会、开创中国特色社会主义事业新局面的全局出发提出的一项重大战略任务。新时期的体育工作如何在实现小康社会目标和构建和谐社会的大格局中抓机遇、谋发展、促改革，是当前摆在全国体育战线面前的一项重要任务，也是必须担当起的一个时代责任。和谐社会既要解决社会和经济协调发展问题，也要解决经济发展自身的结构性矛盾，特别是要大力发展提高居民素质和生活质量的现代服务业。职业体育作为现代服务业的重要组成部分和体育事业发展重要的内容，对落实科学发展观和构建和谐社会具有双重的作用。大力发展职业体育不仅能拉动经济增长、促进产业结构调整、扩大社会就业，而且是提高国民素质和生活质量的重要内容，是体育事业发展的重要部分。因此，在未来体育产业的发展中，职业体育应是国家重点扶持和发展的产业，可以大有作为。

（四）北京奥运的成功带来生机

2008 年北京奥运会成功举办，我国体育代表团取得辉煌成绩的同时也给我国职业体育的发展带来更广阔的空间。首先北京奥运会共使用 37 个比赛场馆（其中 32 个在北京，5 个在其他城市），训练用比赛场馆 59 个。据不完全统计北京奥运会共采购的体育器材和设施总价值为 2 亿~

2.5亿美元(约合20.67亿元人民币),这些场馆的建设与体育器材设施的大量需求,这为我国体育产业提供了巨大的发展契机。其次,北京奥运会前的几年时间里,将在北京举办大量高水平的国际体育赛事,这对宣传体育,提高公民体育意识与行为起到积极的作用,也使我国竞赛表演业、健身休闲业和中介服务业得到一个难得的发展机遇。再次,奥运会的举办将进一步开放我国的体育市场,在某种程度上形成国内、国外市场一体化,国内和国外企业将在同一种规则下参与奥运市场开发与竞争,在短期内可能造成一部分国内企业退出竞争,但从长远来看,对规范我国体育市场、提高企业竞争力将起到积极的推动作用。最后,奥运会是当今全球商务活动中规模最大、影响最大、开放度最高、运作最规范的市场开发项目,北京奥运会让我国体育产业的经营管理人员得到一次极好的学习、锻炼机会,是我国培养能与国际接轨的、高层次的体育产业经营管理人才的一个良机。

三、我国职业体育经营的内部劣势

(一)组织产权模糊

我国职业体育与北美相比目前尚未建立职业体育联盟,仅俱乐部是职业体育的实体单位。目前我职业体育联赛内部俱乐部性质迥异,可分为官办俱乐部和民办俱乐部两大类,其中官办俱乐部又可以分为与地方体育局联合办以及国有企业独自办两种,而民办俱乐部同样也分为与地方体育局联合办以及民营企业独自办两种。

表 7　2006—2007 年 CBA 职业联赛俱乐部基本信息表

俱乐部名称	主管单位	资金来源	性质	主管单位管理形式
北京首钢	北京首钢集团总公司	主单位拨款+赞助	国有	企业行政管理
八一火箭	八一体工大队	赞助+其他	国有	行政管理
福建浔兴	福建浔兴集团有限公司	主单位拨款	民营	董事会
广东宏远	广东宏远集团	主单位拨款	民营	董事会
山西中宇	山西中宇有限责任公司	主单位拨款	民营	企业行政管理
吉林通钢	吉林省体育局	赞助+其他	事业	董事会
江苏南钢	南京钢铁集团有限公司	自筹	国有	董事会
辽宁盼盼	营口盼盼安居股份公司	主单位拨款	国有	董事会
山东金斯顿	山东金斯顿有限公司	主单位拨款	国有	企业行政管理
上海大鲨鱼	上海电视台	主单位拨款+赞助+自筹	事业	董事会
陕西东盛	西安东盛集团	主管单位拨款	民营	企业行政管理
云南奔牛	红河州体育局	主管单位拨款+体彩基金+赞助	事业	董事会
浙江万马	浙江省体育局省体工大队	赞助+其他	事业	董事会
新疆广汇	新疆广汇实业投资有限公司	主管单位拨款	民营	董事会
东莞新世纪	东莞新世纪房地产开发有限公司	主管单位拨款	民营	董事会
浙江广厦	中国广厦建设集团有限责任公司	主管单位拨款	民营	董事会

以 CBA 为例(如表 7),通过对 2006—2007 赛季我国 CBA 联赛的 16 家俱乐部分析,共存在五种不同性质的主管单位:①公司或集团;②省市体育局;③体工大队;④电视台;⑤体育局和省体工大队。俱乐部的资金来源有六种渠道:①主管单位拨款;②自筹;③赞助+其他;④主管单位+赞助;⑤主管单位拨款+赞助+自筹;⑥主管单位拨款+体育彩票基金+赞助。俱乐部的性质有三种形式:国有、事业、民营。俱乐部的管理形式也

有三种不同的形式:企业行政管理、行政管理、董事会。显然,我国职业篮球俱乐部的组织管理与运作形式是多样化的。主管单位的性质不同决定了其利益目标不同。分析这些俱乐部的组建、投资合作关系,很容易看到其产权关系模糊,虽然依照合作协议确定了责权地位和责权范围,但是各方责、权、利划分不清楚,进而隐含责权不明,分配制度不明确。

通过对我国CBA联赛俱乐部的经营现状的分析,当前我国职业体育俱乐部产权关系模糊所引发的问题日益凸现。由于各投资方在俱乐部中均有自己的利益,他们总在不同程度上站在自身利益角度来行使自己权力。在体委与企业联办的俱乐部中,这种现象尤为突出。体委拥有俱乐部教练员与运动员的人事权、训练场地设施的所有权,而企业向俱乐部投资或者购买冠名权,则对俱乐部的经济来源具有一定的制约权,俱乐部产权关系不明晰导致因利益关系出现推诿、牵制与对抗的现象,极大地影响了俱乐部的正常运转。

(二)运行机制缺陷

早在1986年和1993年国家体委分别颁发了《关于体育体制改革的决定(草案)》和《关于深化体育改革的意见》两个文件,基本上就已经明确了我国体育改革的发展方向,即打破过去"国家包办一切""举国体制"的做法,通过国家调控、依托社会、自我发展的手段或方式,把体育社会化、市场化与产业化。但从改革初期的做法来看,体育行政部门改革的一个重要步骤就是从自身机构中分离出协会或中心,即一个机构,两块牌子。前者是在民政部门注册的社会团体(公共财政拨款决定了它具有公共部门属性而非真正的民间社团组织),后者则是国家体育行政部门下属的事业单位。这样一来,一个主体却在行使着两种机构的权力,一种是社团权力,另一种则是公共权力,并且这两种权力的行使令人难以甄别。因此,无论这一主体被称为协会还是被称为中心,就自然使得它具有明显的政府机构(准政府机构)性质。而正是这一属性决定了协会(或中心)

在对各俱乐部的管理上具有典型的行政垄断性特征。

在我国目前阶段,俱乐部作为企业原本应该是以营利最大化为目标,这对于民办俱乐部来讲无疑是正确的。但对于官办俱乐部来讲,则如同国有企业一样,在其目标、运行机制或监督等方面则是多样性的。鉴于与北美职业体育联盟的客观比较,对我国行政垄断型职业体育组织的运行机制存在诸多问题。

(三)经营模式欠佳

我国行职业体育组织的营销机制是指由协会领导下的职业联赛委员会负责职业联赛整体营销以及各俱乐部独自营销相结合的运作模式。整体营销具体来讲,就是由协会下属的职业联赛委员会负责经营包括联赛的冠名权、电视转播权、主赞助商的选择与确定等营销事宜。独自营销是指俱乐部有权经营俱乐部冠名权、地方电视转播权、门票收入、广告赞助(如球队冠名权、队服广告、场地广告等)、标志产品开发等。营销机制的基本特点是协会在联赛整体营销方面具有绝对的支配权。

从目前来看,协会经营联赛商务主要是委托给社会中介机构或协会下属公司经营。表 8 为我国职业体育项目协会委托中介公司经营一览表。

表 8　我国职业体育协会委托中介机构经营一览表

协会名称	委托中介机构
中国足协	国际管理集团、福特堡足球产业发展公司、中超股份有限公司
篮球协会	北京中蓝体育开发公司
排球协会	华力宝广告公司
乒乓球协会	北京三鼎体育有限公司
武术协会	北京国武体育有限责任公司

由表 8 看出,中国足协最先是委托给国际管理集团经营足球职业联

赛的商务开发,随后又委托给下属的福特堡足球产业发展公司负责经营。篮球协会委托下属的北京中蓝体育开发中心负责,这些公司主要代理协会组织的赛事商务,除了包括联赛的商务开发,如联赛的冠名权,出售电视转播权,主要赞助商的决定权等,还有门票收入提成以及运动员转会收入提成等。对于官办与民办俱乐部来讲,它们没有权利参加联赛营销事宜,而是在一定范围内各自独立营销,获取自己的收益,它们在联赛整体收益方面处于被动地位。

(四)管理法制滞后

我国职业体育的管理制度远滞后于其自身的发展需求,规范化程度低、管理水平低,随意性强。在联赛中,协会(中心)的行政指令包揽一切的现象时常存在。在俱乐部中,董事长或总经理的权力过于集中,仍沿用专业队的那套管理制度;俱乐部外部经营不规范,俱乐部经营没有完全纳入法制的轨道,缺乏相应的管理体制。处理俱乐部各种利益冲突与矛盾时,以政府行政手段代替法律手段的现象明显;政府在有关职业体育俱乐部管理、发展政策等方面尚存在空白,部门规章制度也未出台等法律缺陷,这些将危及职业体育俱乐部的生存与发展。

表9　CBA职业篮球俱乐部内部结构调查表

部门	办公室	财务部	经营开发部	竞训部	公关部	信息部	法律部
数量	14	9	6	4	2	1	0
设置比例	77.7%	50%	33.3%	22.2%	11.1%	5.5%	无

我国职业体育俱乐部一般只包括办公室、财务部、经营开发部、竞训部、内外联络部、信息部等。如我国18支CBA职业篮球俱乐部,有14个(占77.7%)都设置了办公室;有9个(占50%)设置了财务部;经营开发部是俱乐部经营运作的重要部门,只有6个(占33.3%)俱乐部设置了此部门;有4个(占22.2%)俱乐部设置了竞训部;有2个(占11.1%)设置

了内外联系公关部;有 1 个(占 5.5%)设置了信息部,无一家俱乐部设置法律事务部。这与北美职业体育俱乐部的机构设置(一般分为行政管理部、内外联络部、大型活动部、财务部、人才资源部、法律事务部、球员培训部、保安部和球队服务部等,虽然美国体育职业俱乐部各球队中的经营班子存在着差异,但营销部、法律部、财务部和公关、电台、电视评论部是每个球队都必须拥有的 4 大中心)相比,侧面反映我国职业体育俱乐部市场运作和项目开发不够重视,盈利目的不明确,法律观念还比较淡薄等,说明俱乐部管理的职业水平较低。

表 10　我国 CBA 俱乐部体育管理机构的管理人员专业分配

管理人员专业构成	经济类	管理类	法律类	体育类	其他
人员比例	16%	27%	6%	24%	20%

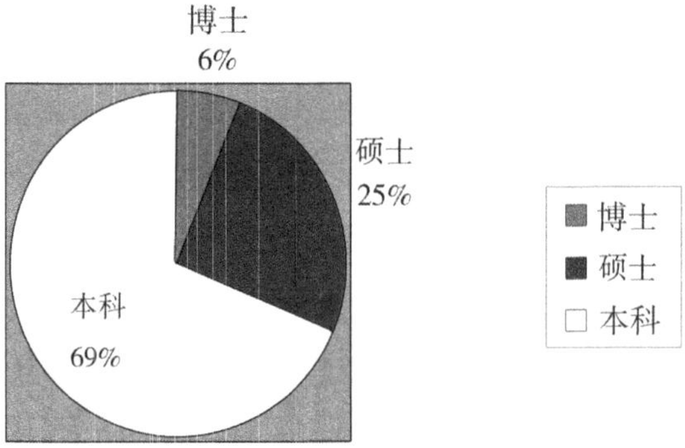

图 9　我国 CBA 俱乐部管理人员学历层次

根据调查显示(图 9),CBA 以及各个俱乐部的管理者,本科学历占 69%,硕士学位占 25%,博士学位占 6%,在近两年内管理者的学历仍呈上升趋势,但是绝大部分管理者都为体育学院毕业或是专业运动员出身,在知识结构上存在欠缺。通过对图 7 的分析,企业经营管理专业的人员较多,熟悉企业经营管理而又懂体育或足球的经营管理型人才奇缺。在我国职业体育化进程中,最大的进步就是管理体制的改造,体制改造上虽然初步完成了从计划经济向市场经济的转型,但职业体育并没完成从消费型向产业型的转型,使之成为市场的主体。

(五)利益机制失衡

我国竞技体育职业化在新旧体制冲突下,在多元化利益格局的共存和博弈中,必然要出现利益的协调问题。从国家与地方的关系看,国家利益更多表现在实施奥运战略上,而地方的着力点主要在全运会战略;从项目管理中心与俱乐部的关系看,俱乐部是以追求利润最大化为基本目的,而项目管理中心是以保证国家奥运战略为核心;从集体与个人角度衡量,运动队要求运动员个人利益服从队伍整体利益,而个人则会要求集体利益在某些情况下为个人利益服务。在市场经济条件下,职业竞技体育俱乐部作为职业竞技体育人力资本产权交易的协约组织,是自主经营、自负盈亏的经济实体。国家作为其中的一个大股东,难以避免既当运动员又当裁判员的现象。国家一方面指定制度、规章和规则,安排职业竞技体育服务质量、生产时间和地点;另一方面又干涉职业竞技体育俱乐部的具体经营活动,致使无法真正履行好自己的职能。特别是职业竞技体育俱乐部的剩余控制权由整合投资企业共同所有,由于政府的目标是追求比赛的名次和奖杯,而企业的目标却是通过职业竞技体育服务营销提高企业知名度,增加广告效应,二者难以统一。一物多主,使得职业竞技体育俱乐部无所适从,最后往往不欢而散。①

职业体育经营的核心产品是职业体育联赛,所以说联赛水平是衡量一个国家职业体育发展重要标准。职业体育联赛是建立在各俱乐部之间的职业赛事,是在相互合作的竞争中滋生的,并非一己之力。而联赛的激

---

① 池建著. 技体育发展之路——走进美国[M]. 北京:人民体育出版社,2009 年 03 月.

励制度是各俱乐部在联赛中发展的动力，约束机制是维持联赛正常运转的基本保障。通过对我国职业体育联赛各俱乐部相关满意度的调查发现，我国职业体育俱乐部对协会（联赛）存在着较大的意见与分歧（表11）。在中超联赛转会满意度的调查中发现仅有36%的俱乐部对联赛的转会制度表示满意，其余所调查联赛均未出现过半的满意度，其中棒球联赛满意程度48%为最高；在对联赛激励制度相关合理性的调查发现，其联赛的激励制度与俱乐部的认同同样存在着较大偏离。

我国职业体育正在由精神激励为主转向经济激励为主。我国协会隶属于行政部门，并非我国职业体育俱乐部的利益共同体。协会对俱乐部缺乏激励机制，而俱乐部内部激励机制重在突出个体利益追求，忽视了联盟的整体利益。同时与不断被重视、强化的激励机制相比，俱乐部在自我约束、经济约束、制度约束等方面相对弱化，使激励机制与约束机制在总体结构上失衡。其结果是加剧了俱乐部之间的恶性竞争，加重了俱乐部的财政负担，难以保证职业体育俱乐部的共生，不利于职业体育产业的整体发展。

表11　我国职业体育俱乐部对联赛运行中相关满意度的调查

联赛名称	俱乐部对联赛转会制度满意的比例	俱乐部认为当前激励制度合理的比例
中超	36%	21%
CBA	41%	41%
排球联赛	43%	44%
棒球联赛	48%	61%
乒乓球联赛	43%	66%

四、我国职业体育经营的内部优势

（一）十余年发展已初具规模

1992年党的“十四大”后，中国确立了建立社会主义市场经济体制的改革目标，体育产业化作为体育改革的一个重要内容逐渐得到政府和社会各界的认同。1993年全国体委主任会议上制订了《关于培育体育市场，加快体育产业化进程的意见》，提出了体育事业要“面向市场，走向市场，以产业化为方向”的基本思路。我国在打开国门、改革开放、综合国力大大提高之后也开始了对体育职业化的积极研究和探索，竞技体育发展掀起职业化改革浪潮。我国自1994年甲A足球职业联赛开始，目前我国足球、篮球、排球、乒乓球、网球、羽毛球、围棋、武术散手、棒球九个项目已经初步完成或正在初步走向职业化道路。

目前中超联赛共有16家俱乐部，2008年，中超首轮平均每场观众1.84万人，联赛冠名，有金威集团出资3800万人民币包揽；CBA联赛目前共有18家俱乐部，虽然在2008—2009赛季爆出“凤铝事件”“年龄门”等负面新闻，但球市走势尚好，山西、西安等地甚至出现爆满景象。国家体育总局篮管中心主任李元伟表示：“如今CBA联赛已成长为国内形象最好、声誉最佳、影响力最大、商业前景和市场开发潜力最大的职业联赛”；2008—2009安踏全国职业排球联赛分别有16支男、女子排球俱乐部参赛。2009赛季CBL棒球联赛在北京、天津、上海、广东、四川、江苏六支球队的基础上，又有河南和福建两支队加入联赛。

（二）辉煌的竞技体育做基础

1984 年洛杉矶奥运会以来，我国竞技体育在举国体制的发展下为国家树立国际形象、振奋民族精神做出巨大贡献。尤其在 2008 年北京奥运会上，获得 51 枚金牌、21 枚银牌、28 枚铜牌，奖牌总数 100 枚，创 4 项世界纪录，位列奥运会金牌榜第一，奖牌榜第二，取得了中国参加奥运会历史上的最好成绩。成绩的背后显示我国专业运动队中教练员、运动员高水平。竞技体育产品是竞赛表演，但由于体制的限制，这些产品的商品化程度被低估，在一定程度上阻碍了该产品质量（竞赛表演水平）的提高。竞技表演水平的提高也要求竞技体育市场化——建立职业体育组织。职业体育组织的产生，成为竞技体育商业化的重要载体，它以体育竞赛作为经营的商品，而队员通过契约把自己的劳动能力（即技术）卖给俱乐部球队，然后参加联赛。

第九章

新时期我国职业体育改革与发展的宏观对策

北京奥运会后(本文界定为“新时期”,也有学者称为“后奥运时代”或“后奥运时期”),中国体育开始步入转型期。在2011年全国体育局局长会议上,刘鹏局长在讲话中指出中国职业体育的未来发展方向为“积极探索社会主义市场经济条件下的职业体育发展道路”。然而职业体育在我国尚属新兴产业,如何打破瓶颈使其持久、快速地发展已成为人们关注的焦点。因此,在《国务院关于加快发展体育产业 促进体育消费的若干意见》(国发〔2014〕46号)和《中国足球改革发展总体方案》(国发〔2015〕11号)两项重要战略性文件发布之后,结合我国职业体育目前的新形势变化,研究新时期我国职业体育改革与发展的对策是重要的现实课题。

由于职业体育发展置身于我国社会主义市场经济的宏观背景,依赖于体育体制改革的中观环境,更运行于体育产业发展的微观系统之中。因此,我国职业体育的改革与发展的对策研制需要洞悉与之密切相关的社会、体制、产业三大新背景变化。基于此认识,本文在对新时期我国社会背景、体育体制、职业体育产业自身条件等宏观、中观、微观因素客观分析的基础上,拟订新时期我国职业体育改革与发展的宏观对策,以期促进我国职业体育的快速繁荣与健康发展。

一、我国职业体育改革与发展需借力于我国良好的社会发展氛围

(一)借力于和谐社会与和谐体育建设营造的宽松、和谐的外部发展氛围,发挥好"中枢纽带"作用

党的十八大报告明确了我国进入全面建成小康社会决定性阶段,社会主义和谐社会应该立足于追求民主法治、公平正义,是以利益格局多样化为条件的现实调控目标。而在构建和谐社会的进程中体育也不应缺位,因此和谐体育是构建和谐社会必不可少的一个子系统。

竞技体育、群众体育、学校体育、体育产业各子系统全面发展、并驾齐驱是和谐体育重要特征,最终实现体育全面、协调、可持续发展。作为体育发展的一种形式或业态,职业体育在和谐体育建设中具有"中枢纽带"作用。这一判断和认识是基于其重要功能与价值:首先,作为联结竞技体育、群众体育、学校体育纽带,职业体育能够很好促进其他子系统的协调发展;其次,职业体育所产出的高水平赛事与巨额收益不仅能满足人们日益增长的体育赛事欣赏需求而且为新时期体育自主发展提供了巨大"造血"细胞;再次,职业体育发展会刺激整个体育市场繁荣并带动体育产业连锁增长。

综上,职业体育发展借力于和谐社会与和谐体育建设营造的宽松、和谐外部发展氛围,和发挥好"中枢纽带"作用,促进其健康、有序、规范发展。

（二）通过有效拓展职业体育的功能领域并加大功能开发力度，以凸显与肯定体育多元功能开发的现实需求

和谐体育一个突出特点就是拓展体育多元功能，以满足人们日益增长的多元物质和文化需求。但长期以来我国体育的功能无论在功能领域还是开发力度上还远远不够，未突破竞技体育单一功能传统观念和行为模式，对体育多元功能及各功能之间辩证关系缺乏正确认识和深刻思考。

不可否认，过去几十年里中国体育创造了诸多历史辉煌，奠定和巩固了我国作为东方大国的国际地位且振奋了民族精神，“为国争光”政治功能得以彰显，但相比之下其他功能被弱化，并延缓甚至阻碍了体育向多元功能方向发展的进程。

当前，职业体育在欧美等发达国家的快速发展以及呈现出经济、社会、文化等多元功能，无疑为我国职业体育多元功能开发提供了有益指导和借鉴。事实上，职业体育固有的诸多功能恰恰能够适应我国新时期体育多元功能拓展的现实需求，成为未来时期我国体育改革的重要突破口，有助于拓展体育的现有功能领域和功能开发力度，有能力承担起实现我国体育产业宏伟发展目标（到 2025 年实现我国体育产业总规模超过 5 万亿元）的责任。同时，从资源配置看，职业体育的功能越多，作用越突出，它在其发展过程中争取到社会资源就会越多，必然也有利于其良性发展。

二、我国职业体育改革与发展需依托于我国体育体制转型

(一)依托于我国竞技体育举国体制转变的制度保障,发挥市场在资源配置中的决定性作用

举国体制是国家发展竞技体育的一种工作方式,属于国家管理型体制,是我国计划经济时代的产物,有其局限性。其运行机制高度依赖于政府行政职能和政府拨款,突出了政府在资源调控中的领导地位。该体制显然难以适应我国当前的政府职能转变与市场经济体制改革背景。因此,亟须建立和完善与社会主义市场经济相适应的新型举国体制,即实现微观举国体制向宏观举国体制转变。

所谓新型宏观举国体制,重点强调政府职能与市场机制接轨,突出政府、社会、市场三者有机结合与协调运转,充分发挥市场经济在资源配置中的决定性作用,吸引社会资本介入,实现政府单方经费投入向社会力量为主体的投入转变,很好地适应了新时期我国体育发展方式转变的要求,顺应了当代世界竞技体育国际化、职业化、系统化、商业化和科学化的发展趋势。可见,我国竞技体育举国体制由微观向宏观的转变,为职业体育发展提供了重要的制度保障,无疑为其快速发展创造了有利条件。

(二)依托于运动项目管理体制改革提供的体制与机制环境,加快“管办分离”,逐步建立中国特色的职业体育发展格局与发展模式

随着我国市场经济发展,我国竞技体育市场化需求进一步提升。为此,原国家体委于1992年发布了《关于深化体育改革的决定》,同时,国家体育总局《2001—2010体育改革与发展纲要》提出了分期分批进行协

会实体化改革。然而,项目协会和项目中心“一个机构、两块牌子”的准政府性质严重抑制了各家职业体育俱乐部经营的积极性和效益。

随着《中国足球协会调整改革方案》正式对外公布,“管办分离”正式付诸实践。这无疑是中国足球改革发展的关键,是理顺足球管理体制、创新足球管理模式的基础。它不仅包括机构分离更重要的是职能的转变:总局将突出宏观管理职能,而不再具体参与足球具体的业务工作。同时,《方案》提出“优化执委会结构,减少政府体育行政部门代表,增加职业联赛组织代表、经济界或法律界的社会人士代表,进而保障职业体育俱乐部的相关权力和利益”。

当然,体育界“管办分离”的问题并非足球项目专属,篮球在内的其他职业化项目也将或早或晚采取这一举措。因此,我们相信随着“管办分离”的实质推进,制约我国职业体育发展的传统体制与机制将得以有效破除,逐步建立具有中国特色的“小政府、大社会、多元化”的职业体育发展格局及“政府拉动、市场驱动、社会互动”的发展模式。

三、我国职业体育改革与发展需夯实产业发展的“四个基础”

(一)产业资金基础:通过转变融资方式,拓宽融资渠道

现阶段我国职业体育的融资方式主要有两种:一种是内源性融资中的经营收入再投资,二种是风险投资。目前我国的职业体育俱乐部资金来源主要依靠后者。相比于英国、美国、日本的职业体育俱乐部融资渠道的多元化(银团贷款、资产债券化融资、商业信用融资、球员抵押贷款等多种融资方式),目前我国职业体育融资渠道非常单一。

随着全球化程度的提高以及奥运会的成功举办,我国职业体育融资方式将不断地发展演变,具体表现在以下两个方面:(1)可从国际资本市

场上获得充足资金。经济全球化背景以及我国相对宽松的投资环境，一些国际资本开始看好中国职业体育的良好盈利前景，并产生投资意向，为外资流入中国职业体育提供了可能，比如 2005 年中篮盈方公司、2006 年成都谢菲联足球俱乐部的出现。同时，我国部分职业体育俱乐部可通过上市公司形式在国际证券市场上实现融资。(2)源于体育消费内生增长。近来以万达、阿里巴巴、腾讯为代表的知名企业不断加大在体育服务业领域的投资力度，体奥动力以 80 亿获得 2016 至 2020 年中超联赛电视信号制作及版权，引起了各界高度关注；以安踏、泰山为代表的体育用品制造龙头企业也呈迅速增长态势。

可见，职业体育已逐步成为全社会高度关注的“朝阳产业”，有力推动了我国经济、体育产业发展，并成为我国经济转型重要力量。越来越多的社会资本开始积极涌入职业体育产业领域，必将不断拓展我国职业体育融资渠道，完善融资方式，推动融资市场的繁荣。

（二）产业人才基础：利用好我国高校在竞技体育后备人才与专业人才培养方面的优势

职业体育核心产品是提供高水平的体育比赛。在欧美等职业体育发达国家，高校历来是职业体育俱乐部培养后备人才的重要渠道和“摇篮”。然而，多年来我国职业体育俱乐部在此方面相对滞后，一度成为制约联赛水平的关键因素。同时，职业联赛与业余联赛脱节，比如 CBA 往往在球员的选择上会与 CUBA(中国大学生篮球联赛)形成冲突。钟秉枢(2016)认为，形成冲突的原因在于我们没有协调好职业和非职业的关系，需尽快探索高校竞技体育与职业体育衔接机制。

事实上，我国高校在竞技后备人才培养方面积极探索“体教结合”模式并取得成功，比如“清华模式”“南京体院模式”。其次，高校在赛事管理方面也积累了宝贵经验，例如 CUBA 篮球联赛的改革尝试。再次，高校竞技体育已形成较大规模和体系，目前大学生体育协会单项分会增加到

32个,试办高水平运动队的高校已壮大到275所。

当然,除培养竞技后备人才外,高校还担负着为职业体育发展培养其他专业人才的使命。因为目前我国体育产业从业人员中既懂经营管理又懂体育的人才可谓凤毛麟角,专业人才短缺是全方位的。已有研究表明,当前我国职业体育急缺的人才主要包括五类人才:体育管理、体育经纪、体育营销、赛事管理、体育翻译。可见,新时期高校将逐渐承担起培养各类职业体育专业人才的重任,职业体育的发展将伴随着我国高校竞技体育的快速发展与人才培养步伐的加快而一起前行。

(三)产业市场基础:立足供给侧结构改革,进一步激发民众日益膨胀的高水平体育赛事欣赏需求

竞技体育由于其技术的高难性、惊险性,造型的艺术性,配合的默契性,比赛的对抗性和结果的不可预测性,使体育赛事欣赏成为人们闲暇生活的一个重要组成部分。在职业体育赛事欣赏的实践过程中,人们的身体和精神方面都得到快感、放松和美的享受;并且可以拓展其体育价值观,关注体育对人生的意义、目的和价值,并获得可持续发展的社会动力。更为重要的是,体育赛事欣赏可为群众体育提供示范作用、技术指导和服务作用、普及运动项目的推动作用、形成群众体育热点"龙头"作用等,进而带动群众体育的普及与发展。

随着我国经济持续、稳定、迅速增长,人均收入将不断提高,民众消费结构将随收入水平的提高发生变化,从衣食住行基本需求向文化娱乐、教育保健等高层次需求转变。可见,新时期职业体育的改革与发展,应立足供给侧结构改革,满足民众娱乐健身消费方面需求的新变化,尤其是高水平体育赛事欣赏的日益膨胀需求。据2015年10月30日网易体育报道:《世界足球网》发布了全球足球联赛上座率排行TOP20,中超联赛以场均22580名观众位居世界第6位,在亚洲足球联赛中高居第1位。2016年新赛季随着部分国际足球明星登陆中超联赛,前3轮场均观战球迷人数

约为 3.3 万人,比 2015 年同期多出 1 万人,足见职业体育未来广阔的发展前景,及体育赛事欣赏需求的快速增长特征。

我国民众当前日益膨胀的高水平体育赛事欣赏需求,会带来比赛观众和球迷数量的急剧上升,这将为我国职业体育发展提供良好的产业市场基础。正如世界职业体育大腕大卫 · 斯特恩所言:“观众和球迷是 NBA 存在的理由。”

(四)产业政策基础:利用好陆续出台的诸多利好政策

010 年国务院办公厅发布《关于加快发展体育产业的指导意见》(国办发〔2010〕22 号),将体育产业提升到国家战略体系高度,确立了其在国民经济发展中的重要位置,为其发展从宏观角度指明了方向。

2011 年国家体育总局印发《体育产业“十二五”规划》,首次明确了“年均速度增长率为 15%,2015 年增加值将超过 4000 亿元,占国内生产总值比重超过 0.7%,从业人员超过 400 万”的体育产业发展目标。

2012 年中国足协改革试点标志着改革“双轨制”,解决“政企不分”进入实质操作阶段。同时,国务院常务会议进一步全面部署,促进体育产业不断发展,体育消费全面提升。

2014 年 10 月国务院印发《关于加快发展体育产业 促进体育消费的若干意见》(即 46 号文),提出“2025 年实现体育产业总规模超过 5 万亿元”的发展目标令社会各界反响热烈。为了实现这一目标,多部门制定诸多配套政策措施,如取消商业性和群众性体育赛事活动审批、鼓励发展职业联盟、通过市场机制积极引入社会资本承办赛事、促进体育消费、对经认定为高新技术企业的体育企业减按 15%的税率征收企业所得税,并落实企业从事文化体育业按 3%的税率计征营业税(此前高尔夫、台球等按娱乐业标准征税)。

2015 年,《中国足球改革与发展总体方案》(国办发〔2015〕11 号)的正式公布，鼓励多元资本投入和通过资本市场发展壮大足球俱乐部。在2015年《政府工作报告》明确提出，“扩大教育文化体育消费，发展全民健身、竞技体育和体育产业”。目前，由发改委、中国足协、体育总局、教育部共同编制，由国家发改委公布了《中国足球中长期发展规划（2016—2050年）》[17]，是继国务院46号文和《中国足球改革发展总体方案》后，体育产业又一重大政策文件。

不难看出，近年来诸多利好政策的陆续出台，为我国职业体育发展提供了良好的产业政策背景，利用好已有的这些利好政策，通过逐步完善税收、电视转播权保护、职业体育俱乐部准入制度等关乎职业体育发展的重要产业基础政策，逐步打破制约职业体育产业发展的诸多“壁垒”，来切实助推我国职业体育市场的快速繁荣与发展。

四、小结

（1）本文结合新时期我国职业体育发展面临的社会、体制、产业三大新背景变化，拟订出借力于我国良好的社会发展氛围、依托于我国体育体制转型、夯实产业发展条件并做好产业的“四个基础”等新时期促进我国职业体育改革与发展宏观对策。

（2）在借力于我国良好的社会发展氛围方面，我国职业体育改革与发展需突破长期以来形成的竞技体育单一功能的传统观念和行为模式，同时积极争取到更多的社会资源配置，以凸显与肯定体育多元功能开发的现实需求。

（3）在依托于我国体育体制转型方面，我国职业体育改革与发展需依托于我国体育体制转型，发挥市场在资源配置中的决定性作用，加快“管办分离”，逐步建立“小政府、大社会、多元化”的发展格局及“政府拉动、市场驱动、社会互动”的发展模式。

（4）在夯实产业发展条件方面，转变融资方式，拓宽融资渠道，做好产业资金基础;利用好我国高校在竞技体育后备人才与专业人才培养方面的优势,做好产业人才基础;立足供给侧结构改革,进一步激发民众日益膨胀的高水平体育赛事欣赏需求,做好产业市场基础;利用好陆续出台的诸多利好政策,做好产业政策基础。

第十章

我国职业体育俱乐部创新经营战略研究

美国著名管理大师彼得·德鲁克指出:“对企业而言,未来至关重要,经营战略使企业为明天而战。”随着全球经济一体化速度的加快,如何在竞争激烈、多变的市场环境中求得长期生存和持续发展,已经成为企业面临的首要问题。解决这一问题的关键就在于企业是否确定了适应外部环境变化和自身特点的企业经营战略。

职业体育是通过向体育消费者(观众、听众)提供以娱乐为主的体育商品(体育竞技活动),使得体育比赛经营者、职业运动队的拥有者、职业运动员及相关工作人员获取报酬的一种经济活动,其本质是一种“产业”,这种产业的核心产品是职业体育竞赛。从管理主体、生产主体以及二者之间关系看,俱乐部既是管理主体,又是生产主体,各个俱乐部之间是平等的关系,俱乐部之间是自愿组织在一起,形成一个联盟。联盟是能够生产产品的最基本的经济单位。而职业体育俱乐部是指为满足人们体育竞赛表演的观赏需要,将职业体育竞赛及其相关产品作为商品组织生产经营并追求赢利、自主经营、自负盈亏的、具有独立法人资格的体育经济实体。职业体育俱乐部经营的实质就是将竞技体育当作“企业”来经营,因此,根据市场变化的外部环境,结合自身的优势与劣势,制定创新的经营战略是职业体育俱乐部作为经济实体走向企业化经营之路的关键所在。通过对我国职业体育经营的外部机遇与挑战、内部优势与劣势矩阵分析,借鉴北美职业体育的成功启示,结合我国现阶段基本国情提出我国职业体育俱乐部经营的总体战略、职能战略的构成及各职能战略实施对策。

一、我国职业体育的经营理念、经营宗旨、经营目标

制定俱乐部经营战略的首要工作是要明确俱乐部的经营宗旨，这对确定俱乐部经营领域和确定战略目标具有指导意义。明确俱乐部经营宗旨不但对俱乐部配置经营资源具有重要意义，而且对俱乐部员工也具有激励作用。

我国职业体育俱乐部应坚持以“服务球迷、服务赞助商、服务媒体”为宗旨，进一步解放思想和观念，学习借鉴北美职业体育的管理经验和市场经营理念[①]，加大管理力度，使球迷、俱乐部、赞助商、媒体均受益的方针使联赛健康成长。其战略目标是提高俱乐部球队的技、战术水平，准确评估球队的实力以及在国内同行中的地位，并争取向更高层次的目标奋斗；俱乐部及其球队的品牌价值最大化，以此创造商机；赢得俱乐部所在地区体育竞赛表演市场，逐步实现俱乐部的自负盈亏、自我发展。实现对主要股东公司从提高企业形象等隐形贡献，到以利益和资产等有形贡献为主的转变。[②]

---

① 张成云. 职业篮球俱乐部经营战略分析[J]. 体育文化导刊，2009. 3.

② 邱晓德. 论中国足球产业的泡沫经济现象与经营机制的软着陆[J]. 天津体育学院学报，2000，15(3)：54. .

二、我国职业体育俱乐部经营的总体战略

(一)企业经营的三种总体战略

1. 成本领先化战略

成本领先化战略是指为达到基本目标而采取的一系列有效政策，从而达到在行业内的全面成本领导地位。这种战略在20世纪70年代随着经验曲线概念的推广而日益普及。成本领先战略要求积极建立大规模高效率的设施;努力追求基于经验的成本下降，严密控制成本和管理费用，追求研究开发、服务、销售、广告及其他部门的成本最小化。为达到此目的，管理方的重要注意力要放在控制成本上。整个战略的目标是追求低于竞争对手的成本，但也不能忽略质量、服务和其他领域。采用成本优先战略的优势主要体现在以下几个方面:抗衡竞争者形成行业壁垒、抵御买方和供应方议价的能力、抵御替代品的潜在威胁。选择成本优先战略对于企业来说，也存在一定的风险，主要体现在新加入者可能后来居上、用技术变化降低企业资源的效用、降价过度而使利润降低、顾客偏好发生变化，开始重视非价格因素、容易受外部环境影响。

2. 差异化战略

差异化战略是指企业向市场提供与众不同的产品或服务，用以满足顾客的特殊需要，从而形成竞争优势的一种战略。实施差异化战略的核心是取得某种对顾客有价值的独特性。企业要突出自己产品与竞争对手之间的差异性，主要体现在产品质量、服务、人事、品牌形象这几个方面，因此，实施这一战略也应从这几方面入手。

实施差异化战略是使企业获得高于同行业平均利润水平的一种有效

战略,实施差异化战略的优势主要体现在形成强有力的产业进入壁垒、提高顾客的忠诚度、削弱购买商与供应商的议价能力、削弱替代品的进入。企业在实施差异化战略时,也存在一定的风险。如,提供特色带来的高成本会使顾客望而止步;顾客需求的差异化程度下降会减少差异化的空间;模仿者模仿领先企业的特色,使得已建立的差异化消失。所以采取差异化战略应以企业在技术、质量、服务等方面所具备的特殊能力为依托,确保企业所创造的差异化难以被模仿,这样才能保持持久的竞争优势。

3. **目标集中化战略**

目标集中化战略就是在细分市场的基础上,选择恰当的目标市场,倾其所能为目标市场服务。目标集中化战略的核心是集中资源于目标市场,取得在局部区域上的竞争优势,至于目标市场的大小、范围既取决于企业的资源,也取决于目标市场中各个方面内在联系的紧密程度。如产品的接近性、销售渠道的接近性和地理位置的接近性。

目标集中化战略可以是总成本领先战略,即在目标市场上比竞争对手更具有成本优势,也可以是差别化,即在目标市场上形成差别化优势;或者是二者的折中结果。

企业实施目标集中化战略可以在行业内获得高于平均利润率的收益,因为通过产品集中化,企业处于一个可以对付各种竞争力量的可防御的位置,虽然防御的形式和成本领先战略不同。产品集中化可使顾客对企业产品更加信赖,由此降低顾客对价格的敏感程度,这样就为企业提供了一个阻碍竞争对手冲击的隔离层。此外,由于避免了对低成本地位的追求,企业可以获得较高的边际利润。这种消费者的忠实性对竞争对手形成了进入壁垒。而且,目标集中化战略可以用来选择最不易受替代品进攻的目标市场或竞争对手最弱的目标市场。

实施目标集中化战略往往会限制在整个市场中市场占有率的提高,而且实际目标集中化必然会包含对获利能力和销售量的权衡。顾客群偏好和需要的改变,会使采取目标集中化的企业的目标市场面进一步变窄;竞争对手的加入,会瓜分市场,从而夺走部分市场。

(二)我国职业俱乐部总体战略的选择

随着我国对外开放,特别成功举办奥运会后,我国体育市场也同其他市场一样,融入了世界体育大市场,许多西方职业体育赛事开始通过各种方式占领中国市场,足球方面有英超、德甲、意甲、西甲等,篮球方面有大名鼎鼎的NBA,其他项目还有诸如ATP、F1等。这些职业赛事每天通过媒体大量的转播吸引着中国体育观众,其中一些还把赛事办到了中国本土,赚取了丰厚的利润。面对产生已达一个多世纪的西方发达国家高水平的职业体育赛事,我国必须承认自身在运动水平和市场运作上都明显处于竞争劣势。那么,中国的职业体育该怎样应对竞争?面对国际竞争,我国职业体育要想靠短期内提高运动水平来与西方职业赛事竞争是非常不现实的。但值得注意的是,据研究表明①,在体育观众迷恋某球队或俱乐部成为忠诚顾客的因素中,地缘因素影响最大,人们对自己所属地区的球队有着良好的归属意识和认同。在杨铁黎等做的体育观众调查中,出于地缘情感支持本地球队的支持型观众占据69%的比例,且不排除其他类型的观众符合这样的情结。② 从中我们可以看出,体育观众观看比赛,不仅仅关注专业的运动水平和单纯的结果,他们在欣赏体育比赛或运动的时候,欢呼、流泪、雀跃、沉默,他们与赛事同呼吸、共命运的这种感受和体验,消除了工作疲劳和生活中的烦恼,达到了新的心理平衡,十分有利于身心健康。因此,本地俱乐部保持本地球迷有着得天独厚的优势,中国职业体育面对国际强有力的竞争,应利用地理位置的接近性,采用目标集中化战略,在联赛和俱乐部的无形资产设计与经营中,吸取地域文化,设计联赛和职业俱乐部的名称、标志、球衣,从而增进体育观众的地区归属感和认同感,赢得市场。

---

① 刘金利. 情感营销:中国职业体育的主要营销策略[J]. 中国体育科技,2006(3).

② 杨铁黎,张建华,何丽娟. 我国职业篮球市场观众特征的调查与分析[J]. 体育文化导刊,2001,(5):26-27.

三、职能战略及其实施对策

职能战略是为贯彻、实施和支持公司战略与竞争战略而在企业特定职能管理领域制定的战略，包括市场营销战略、产品管理战略、人力资源战略、财务管理战略、研究与开发战略、信息开发战略和俱乐部文化战略七个方面。

（一）市场营销战略

1. 实施品牌经营战略，提升国际竞争实力

竞争是体育的特质之一，这种竞争不仅仅反映在俱乐部的升降级，还表现在联赛内外的方方面面，如球员转会、球迷争取、市场份额、俱乐部组织文化、广告赞助、产品开发、教练争夺、潜在市场开发等。所以，小到设立俱乐部，大到创立某一单项的体育联赛，都必须树立品牌意识，加大联赛的影响力，提高竞技水平。

北京奥运会后，我国职业体育在国际体育市场产生了一定影响力，得到国际认可。当前我国职业体育市场运行不规范的根本原因在于职业体育整体素质低下，要培育和发展我国职业体育产业必须致力于规范职业体育组织形式与不断提高职业体育从业人员素质。要按照建立现代企业制度的要求，形成科学的法人治理结构和经营管理制度，建立开放性的创新发展机制。要以资本为纽带，通过资本市场和产权市场形成具有竞争力的跨地区、跨行业、跨所有制和跨国经营的大型体育企业集团，提高我国体育产业的核心竞争力，改善体育产业的组织结构。要制定明确的扶持政策，推进品牌战略的实施，鼓励和引导国内外知名企业赞助与投资，提高竞赛质量、服务优质和营销创新。同时，要制定特殊政策，扶持我国的优势运动项目，开拓国际市场，提高项目在国际体坛的影响力。

2. 以竞赛产品为核心的产品延伸战略

职业体育是以竞赛产品为核心的经营体系，只有保证高质量、高水平竞赛的稀缺性，才能吸引更多的消费者从而更好地开展营销活动，占领更多的市场。球队从各方面极力提高比赛的技术性、观赏性、娱乐性和比赛结果的不确定性是重要的营销手段。作为营销手段健全的 NBA，成功开发了它的品牌并拓展至其他领域，包括 WNBA、NBDL 与 NBA 官方网站；在美国纽约市第五大道开设了全球首家专门店，它授权产品被国际授权商带到全球一百多个国家和地区，包括运动服装、运动用品、球员卡、文具、出版物、录像带、电子游戏、玩具游戏、纪念品与餐厅。反观我国职业体育市场，由于联赛品牌尚未形成、产权不明晰、责权不明确、球市发展不平衡、市场开发手段缺乏创新、机构不健全、管理不科学、俱乐部发展也不平衡、相关配套改革滞后、中介机构薄弱、经费投入不稳定、自我造血能力弱等原因，没有找到适合我们自己的市场开发方案，仅靠门票收入和赞助来维持生计，致使在拓展市场方面缺乏力度。所以，应确立职业体育市场的管理体制和模式，做好立法工作，不断壮大俱乐部规模，通过企业化方式运作，利用参股、控股、联合等产权形式，提升我国职业体育市场营销。

3. 以球迷消费者需求为中心，提供优质的竞赛产品、全方位服务

质量是产品的生命，也是企业的生命，因而它是企业提高竞争能力的核心问题。NBA 不论是从其竞赛产品的设计、生产，还是对竞赛产品的包装，都充分体现了以消费者需求为中心的理念，并将这种理念贯彻于营销过程的始终①。NBA 比赛集技术性、观赏性、娱乐性于一体，精彩流畅的比赛过程、富有悬念的比赛结果及比赛间隙啦啦队和吉祥物精彩表演伴着激情的音乐和五彩闪烁的灯光，使观众得到一种全身心的享受。对每场比赛的各项技术统计使其成为比赛看点，从而充分调动了球迷参与的积极性，增强了比赛的感染力。我国职业体育应学习 NBA 这种以“消

① 张成云. 职业篮球俱乐部经营战略分析[J]. 体育文化导刊，2009. 3.

费者需求为中心”的理念,不但要提供高质量的比赛,还应提供全方位的服务,如配置电子屏幕,球迷可通过屏幕看到比赛的实况转播、慢动作的重播与球员最新的攻守资料;体育馆的设计是大看台、小方阵、宽通道、多出口、出口处宽敞的公共活动区域等,使观众有一种到家的感觉。总之,竞赛产品的设计、开发都应以消费者需求为中心。

4. 采取灵活多样的定价策略

在市场经济中,产品的供求主要受价格的调节,如何确定一个合理的价格是保证产品供求平衡的关键所在。俱乐部为实现自己的营销战略和目标,必须根据产品特点、市场需求及竞争情况,采取灵活多样的定价策略,使价格与市场营销组合中的其他因素更好地结合,促进和扩大销售,提高企业的整体效益。在销售过程中,可以将门票分成季票、月票、普通票等方式来销售,同一场比赛还可分为包厢票、专座票、场边坐票、坐票等。票价也具有地区差异,俱乐部在定价时应进行全方位考查。

5. 进行多角度的促销策略

促销是指俱乐部以人员推销和非人员推销的方式,向目标顾客沟通市场信息,促使顾客对俱乐部及其产品产生好感和信任,从而引起顾客的兴趣,激发顾客的购买欲望和购买行为①。为提高我国职业体育在国际体坛的影响力,我们应把人员推销、广告、营业推广、公关关系等各种不同的方式有目的、有计划地结合起来并加以综合运用,当前我国应逐步改进CCTV-5和部分省市电视台垄断转播的局面,准许更多、更有影响力的如ESPN、美国的NBA、TV、网络视频公司新传国际等国际传媒,全方位转播、报道,以达到特定的促销目标。

(二)产品管理战略

任何一个产品都是由三层构成的,最里面是核心产品,第二层是外围

---

① 朱煜. 经营战略[M]. 中国纺织出版社,2004. 6.

产品,第三层是外延产品。核心产品是指向顾客提供的产品的基本效用或利益。职业体育经营的核心产品是竞赛,职业体育为了被消费者所接受,必须加强其核心竞争力首先应该增强竞技表演的观赏性。我国职业体育要想成为企业的赞助对象,媒体的争购对象,最关键的就是要提高其产品质量。只有竞赛水平提高了,具有竞争性、观赏性,才能在赞助、广告、电视转播权、门票收入等方面有所收获。同时竞赛产品承载的是产品品牌最本质的竞争能力,也是职业体育的立足点,提供良好的竞赛是诚实守信的体现,因此职业体育的经营一定要抓好这个最本质的竞争能力;外围产品即形式产品,既是核心产品得以实现的形式,又是向市场提供实体的劳务和外观,其包括了产品的品质、式样、特征、商标、包装和相关配套产品等。加速职业体育外围产品的开发和保护,就是加强对体育组织和赛事及活动名称、标志的开发保护,鼓励职业体育组织、体育赛事主办者面向市场,依法开发、使用无形资产,加大开发和推广力度,提高整体开发水平和效益,不断提高品牌效应,提升市场价值;像我国 CBA 联赛一直注重策划与包装,目前取消升降级的比赛办法;分成南北区、实行 1 周 3 赛;首次进行胜场奖励;首次在联赛期内进行中韩全明星赛;聘请了专业公关公司对联赛进行包装;特别在 2005—2006 赛季推出“准入制”等,都极大地推动了 CBA 的品牌塑造和商务推广。说明在注重形象工程的无形资产开发上做出了努力,许多企业也看好篮球联赛无形资产的宣传给企业带来的经济效益,纷纷投资职业篮球赛事以提高赞助企业的知名度,达到双赢的效果。外延产品,是指产品提供的超出顾客期望的服务或者价值。职业体育的外延产品可以理解为赛事宣传、票务订购、赛事安保、赛场引导等。

北美四大职业体育联盟的巨大成功,一方面归功于政府对体育产业的特殊政策支持;另一方面是北美职业体育高质量的联赛与多层次产品开发和保护密不可分的。我国职业体育要想取得成功,提升联赛质量是关键,同时加速外围产品开发与保护。在产品与服务以及产品的生产与质量方面建设具有本地风格与打法、水平高、表现突出的球队;增强全体员工对其球队风格、打法的信心。建立目标明确的球员培养体系，确保球队有特色、高水平、低成本、可持续发展的能力。在牢牢抓住本地市场的基础上，积极开拓外地市场。

（三）人才管理战略

职业体育俱乐部的发展，尤其是随着当前社会主义市场经济的不断发展，职业体育俱乐部现行的人力资源管理战略，已经成为我国职业体育俱乐部发展面临的突出问题，它对于职业体育俱乐部完善自身建设，提高市场化运作的效率，加大职业体育俱乐部的核心竞争力等都有一定的影响。实践证明，国外体育发达国家在人才管理方面已有成熟的理论。本课题在查阅国内外相关文献和走访国内一些体育专家和学者的基础上，结合我国的实际情况，对于我国职业体育的人才管理提出以下战略：

第一，我国职业体育人才管理应树立“以人为本”的战略管理思想。首先，应实施“以人为中心，理性化团队管理”。这种管理是在将“员工视为活动主体，俱乐部主人”这种人性认识基础上产生的一种人力资源管理模式，其特点是俱乐部所有员工可以参加决策，充分体现民主，俱乐部决策是根据员工的思想、行为表现做出的。其次，俱乐部的管理人员、技术人员、教练员、运动员之间要有良好的沟通，亲善的沟通不仅可以了解到员工的需求，改善上下级之间的关系，而且还有助于营造和谐的工作气氛，提高员工的满意度，使他们能坚持不懈地为实现俱乐部目标而奋斗。

第二，俱乐部应建立全面公开的绩效管理机制。绩效管理对于一个俱乐部不断提高其整体效能和绩效有着重要作用，尤其是在当前社会主义市场经济条件下，它对于俱乐部获得核心竞争优势有着重要作用。虽然影响一个俱乐部发展的因素是多方面的，但是绩效管理可以为俱乐部高层带来关于教练员、经理工作的可靠信息。以便更有效地开展俱乐部的管理工作，同时为教练员、经理设立合理的目标并进行有效指导，帮助他们更好地执行任务。但现阶段我国俱乐部人力资源的绩效评估侧重于对他们在已完成的工作任务中所产生的绩效进行考核。这样使俱乐部过于重视教练员、经理工作绩效已产生的效果与结果，忽视对工作过程的质量管理，在俱乐部中造成只问结果、不问过程的管理方式。对此，我们可以借鉴国外体育发达国家的绩效管理，绩效评估可以根据具体情况和实际需要进行月评估、季考核、半年考核和年考核。[①] 例如，在俱乐部中教练员的考核可依据赛制、项目特点，选择适合的单、双、多周期的年度训练计划，然后制定相应的绩效标准与指标，还可以进一步细分为小周期的分类体系：基本训练周、赛前训练周、比赛周以及恢复周这 4 种基本类型[②]，再根据各周的训练特点制定与之相应的绩效指标与标准。俱乐部还应通过平时的沟通，教练员、经理就自己的绩效和高层达成共识，考核时不会出现意料之外的事情。此时高层已进行角色转换，从“评估者”转为“帮助者、伙伴”，帮助改善。[③]

第三，俱乐部培训向纵深发展。即培训的内容不仅与横向的工作范围相关，而且涉及俱乐部战略方向及战略的具体实施，以使俱乐部员工更好地适应环境的变化。为了有效实施俱乐部培训战略，俱乐部可以进行以提高员工知识技能为基础的制度设计，如职业生涯训练制度、团队学习制度、俱乐部内部沟通制度等。人力资源开发与管理的重点应放在俱乐部总经理和具有经营开发经历的人才的选定上，提高俱乐部的管理水平和开展市场营销在球队中建立发掘潜能、重视个人能力培养和鼓励特色的机制，培养俱乐部的“球星”；在资金的调拨和使用上，应将一部分资金用于球队后备力量的培养和俱乐部市场营销部门，重视这两部分的发展。

总之，建立一支高素质的俱乐部工作队伍迫在眉睫。应吸引更多的高水平经营管理人才、优秀教练员、运动员加入我国俱乐部中来，对现有

---

① 张洪振. 我国职业体育俱乐部人力资源绩效评估弊端分析—浅议对我国职业体育俱乐部实行绩效管理的构想[J]. 天津体育学院学报，2005(5).

② 全国体院通用教材. 运动训练学[M]. 北京：人民体育出版社，2000：53-78.

③ 王玉珍. 试论现代企业的绩效评估体系[J]. 地质技术经济与管理，2002，31(3)：40-42.

的体育经营人才强化指导,开展国际体育经济交流合作,学习借鉴先进的管理、训练经验与方法、通过培训、引进和聘任、聘用,逐步建设一支懂管理、善经营、技术高、具有较高的综合素质、结构合理的俱乐部人才队伍。

(四)财务管理战略

财务战略就是根据公司战略、竞争战略和其他职能战略的要求,对企业资金进行筹集、运用、分配、以取得最大经济效益的战略。[①] 财务战略的基本目的就是最有效的利用企业各种资金,在企业内部、外部各种条件约束下,确保实现企业战略计划所规定的战略目标。财务战略的主要任务有以企业战略目标为基础,利用最佳方式筹集企业所需的资金,实现资金筹集的合理化;根据企业战略计划的要求,有效分配和调度资金,确定合理的资金结构,确保资金调度的合理化和财务结构的健全;在企业战略经营过程中,采取各种必要措施,利用适当的财务计划与控制方法,配合各个联系部门,充分有效地利用各种资源,加速资金周转,讲求资金运用的效率化促进企业的成长;制定和实施财务战略计划,确定长期和短期财务目标,在合理筹集、分配和运用资金的同时,力求实现资金收益的最大化。

目前,我国绝大部分职业体育俱乐部的经济来源仍以企业投入为主,俱乐部普遍缺少自我"造血"功能,从整体上说,真正依托市场、开发市场、自主经营尚未收到很好的效果,巨大的市场潜力远没有开发出来。并且我国俱乐部的财务管理结构较为混乱。其中,有政策的原因,也存在具体国情上的问题,而俱乐部懂管理、善经营的专门人才缺乏、市场经济意识淡薄应是其中最重要的因素之一。为改善我国俱乐部财务管理现状,在俱乐部内部应逐步建立现代企业财务管理制度,实现俱乐部财务规范化管理,提高俱乐部的财务信息透明度,降低俱乐部与投资者之间的信息

---

① 朱煜. 经营战略[M]. 中国纺织出版社,2004.6.

不对称，本课题提出以下策略：

1. 拓宽俱乐部的融资渠道

与国外职业俱乐部融资渠道相比，我国俱乐部的融资渠道相对狭窄，由于我国职业体育俱乐部的经营惨淡，导致内源性融资所占比例极小，相比之下，国外经营成熟的大牌职业体育俱乐部的融资渠道要宽广得多，融资结构更趋合理。随着我国市场化的逐步深入，我们应采取股份有限公司形式的职业竞技体育俱乐部，按照我国《公司法》的要求，条件成熟的，可以申请上市，发行股票，拓宽融资渠道，真正建立职业竞技体育多元化投资机制。职业体育俱乐部融资还可以探讨其他的融资渠道，具体有股权融资、俱乐部内部融资、利用大股东担保申请贷款以及利用外资等方式。

2. 真正实现政企分开

一方面通过职业竞技体育协会实体化和政府股权变债权改革，真正确立政府不再干涉职业竞技体育俱乐部人事安排和日常经营管理的产权基础；另一方面，职业竞技体育俱乐部也政府脱钩后，将真正成为自主经营、自负盈亏的法人组织，其所有工作人员的工资待遇，由职业竞技体育俱乐部自己负责并承担相应的风险。

3. 完善职业体育俱乐部产权组织关系

当前是我国经济转型体制转轨的时期，竞技体育职业化已经是大势所趋。然而，我国原有的体育体制是在计划经济环境下形成的政府行为，在面向市场化过渡的时期其组织模式和产权关系都受到了猛烈撞击。在市场经济条件下进行竞技体育职业化改革，参与各方的经济利益不仅是一个不可避免的问题，而且是一个核心问题。现在问题的关键是国家对竞技体育职业化所产生的经济利益要有一个明确的政策。

借鉴与完善我国职业体育产权组织关系的对策是：一是明确俱乐部内部组织产权关系；二是明确职业体育联赛产权组织关系；三是建立以职业联赛为枢纽的组织机制，建立结构合理、功能完备、操控性强的管理模式,建立以激励和制约为中心的协调机制;四是正确理解全国单项协会在职业体育联赛中领导、监督、宏观调控的职能作用,职业体育联赛要自觉接受国家政策、法规和社会的监督。

4. 完善职业体育俱乐部利益协调机制

伴随着社会结构的转型,多年形成的平均主义分配格局被打破,实现利益均衡、追求社会公正是目前我国社会发展面临的重大课题。改革势必带来各方利益格局的变化和调整,实现资源重新配置,必定会带来暂时疼痛与抗议,改革是要付出代价的。改革开放以来,我国体育事业进入了快速发展时期。时至今日,竞技体育职业化十余年来,其间大量的体育系统外资本涌入竞技体育领域,职业俱乐部、职业联赛相继出现,在许多运动项目上,有过去的政府包办被社会办或者混合办所取代,并使我国体育社会化、产业化、市场化程度在短短的时间内有了快速地发展。然而,竞技体育群体之间的利益对比关系不断发生变化,一些群体作为改革的最大受益者,同其他群体的利益差距逐渐明显化,且有日益扩大的势头,我国竞技体育职业化在新旧体制冲突下,在多元化利益格局的共存和博弈中,必然要出现利益的协调问题。为保持我国职业体育健康发展,我们应该不断协调与完善初步形成的多元化的利益机制。

我国职业体育利益协调机制的完善应考虑以下问题:(1)国家竞技体育的奥运争光战略与职业体育利益最大化初衷争端;(2)行政行为的项目管理中心与市场行为的职业俱乐部的利益关系;(3)职业体育联赛的利益与各俱乐部自己利益的协调关系;(4)运动员利益与俱乐部利益的协调关系。总之在市场经济条件下,职业体育组织作为职业体育人力资本产权交易的协约组织,是自主经营、自负盈亏的经济实体。如何处理与国家、集体、个人的利益关系,它将是职业体育健康发展的保障。

(五)研究与开发战略

所谓研究与开发是指企业为开拓市场,满足用户对产品适用性不断提高的要求,应用科学技术的新成果,提高技术水平,不断促进自身技术发展的设想、创新和实施等活动。研究与开发是企业科技进步的原动力,强化研究开发工作,对促进企业科技进步,加快产品更新换代,增强市场竞争力,提高经济效益都有重要的推动作用。在全球市场竞争、产品竞争、技术竞争、人才竞争的环境中,企业必须配合市场营销活动制定研究开发职能战略,以保持企业在技术上的领先地位,实现长期发展的总体战略。

同样的,在职业体育市场中技术代表了迅速变化的环境影响。技术进步改变了消费者观看体育、从事体育、接受体育信息的方式。新技术的应用不仅能有效促进体育竞赛表演产品的消费,而且能帮助开发新的体育竞赛产品。例如新技术应用于广告、体育场标志、分销体育产品等。现在看来,因特网站是增长最快的、影响体育产品营销的新技术之一,它已发展成提供体育信息、体育竞赛、运动队和运动员个人信息的网站。此外,因特网还以另一种形式出现:向体育迷实况转播赛事。除为消费者提供赛事信息和比赛报道外,因特网是替代在售票处购买门票的一种深受欢迎的方式。资料表明①,NBA 休斯敦火箭队的主场门票大约有 50%是通过网上购买的。同时,技术创新也正在改变着体育球迷消费体育竞赛产品的方式。随着时间的推移,技术将使观众在观赏比赛时与现场更加互动。目前,在一些竞赛市场发达国家的体育场馆座位上装备了手持机,它允许体育观众就运动员的竞赛表演进行投票。这会大大激发人们参与消费体育竞赛产品的过程。

我国职业体育的职业体育还是新兴产业、幼稚产业②,竞争实力不是十分雄厚,在技术竞争中很难取得领先地位,因此,我国职业体育应采取防御性研究与开发战略,这种战略将重点放在技术开发和产品改进上,以防御技术创新造成的威胁。但是这种战略要求俱乐部工作人员具有杰出

① Davis Sweet,"*If You Build It Online -They Will Come*," The Wall Street Journal Edition.

② 张建君.论中国经济转型模式[M].中共中央党校出版社,2008(9).

的开发能力能很快地吸收、消化技术成果和产品,并能对产品加以改进和提高。运用这种战略不但可以避免用于可能毫无生产价值的基础或应用研究上的大量投入,减少规模投资带来的风险,做到投资少、见效快、效益高,而且也可以根据创新产品在市场反馈的有关信息,对产品进行改进和提高,尽量克服其缺陷,使产品做到尽善尽美,从而形成后来居上的优势。

(六)信息开发战略

企业战略的实施过程,也是一个信息收集、处理的过程。充分的、准确的、及时的信息资源,是科学地进行企业战略管理的基础。如果信息资源的提供发生了重大缺陷,正所谓"盲人骑瞎马",这样的战略管理注定是失败的。企业在经营战略管理中,从战略分析直至战略实施,每一环节都与信息密切相关,信息支持系统具有收集信息、分析作用、综合存储作用、论证作用、反馈作用。

信息化的今天,现代体育的竞争基础也发生了巨大的变化,体育竞争的背后是科技、信息。因此,加强科技研究及竞争性信息获取的投入是增强实力的基础。当前我国的体育信息网络有了很大发展,但仍是文字与图片一统天下,虽然少数网站已提供视、音频的信息,但其时效性和信息量仍难如人意。而且,网络的功能没有得到充分地开发,大部分体育网站网上信息匮乏,没有充分发挥网络的功能,体育资源共建与共享还未能实现。因此,网络资源建设方面应建设大规模、高质量和高技术的信息传播网络,需要提供真正的宽带网接入,光缆线路延伸到相关的场馆,提供多种接入手段,保障宽带高速接入,并针对不同的场馆和用户,提供不同的接入手段,以满足完全实时的网上直播、娱乐和传送高保真电视信号。同时,转变观念、增强体育信息意识、普及体育信息技术、培训体育信息人才、开发体育信息资源、培育体育信息市场、创造良好体育信息环境将是我国职业体育信息化建设在近期需要重点解决的问题。

(七)俱乐部文化战略

文化有广义和狭义之说。广义上讲,文化是人类社会历史实践过程中所创造的物质财富与精神财富的总和;狭义上讲,文化是社会的意识形态以及与之相适应的组织机构与制度。① 而体育俱乐部文化是整个社会文化的组成部分,带有文化的共性。但它又不同于一般的社会文化,具有自己的独特性。职业体育俱乐部文化建设,是指管理人员在管理和经营过程中有意识培养形成的一种俱乐部基本精神和凝聚力,以及俱乐部全体成员共同具有的价值观和行为准则。即在管理俱乐部过程中,运用各种有效手段和方法。逐步形成俱乐部成员共同的价值观,树立俱乐部的目标和形象,完善俱乐部制度,并构建俱乐部良好的职业道德规范等。

俱乐部文化是俱乐部的灵魂,是推动俱乐部发展的不竭动力。俱乐部的文化建设有助于增强球队的凝聚力和向心力,提高俱乐部的终极竞争力;有助于俱乐部实行现代企业的制度化管理,规范俱乐部成员的行为,扩大俱乐部的社会影响力,塑造大众消费的良好印象,获得深厚的群众基础。然而,现阶段我国俱乐部管理人员对俱乐部文化的认识还不是很清楚,真正优良、有其个性色彩的俱乐部文化非常少,在俱乐部文化建设中往往只注重表层硬文化建设,一味在视觉识别上做文章,而对流程再造、制度建设、育人和领导力水平的提高等高层次文化重视较少;俱乐部文化建设往往是大同小异,缺少特色、缺乏自身个性,缺乏本俱乐部、本地区的创意,陷入低水平重复怪圈。在当前竞争激烈的国际环境之下,构建独特的俱乐部文化是俱乐部健康发展的关键,具体应从以下几方面着手:

1. 构建俱乐部共同的价值观

职业体育俱乐部作为社会的一个实体,是社会的一个组成部分。俱乐部价值观是以俱乐部中各个成员的价值观为基础的群体价值观念,是

---

① 李胜利. 现代企业的管理理念与完善[J]. 经济研究导刊,2009(8).

人格化的群体共同价值观。它渗透于俱乐部的各项活动之中，既影响俱乐部目标，又制约着俱乐部成员的行为。① 俱乐部价值观是体育俱乐部文化建设的核心，它调节和控制着成员的情绪、意志和精神风貌，使每个成员的价值目标与俱乐部价值目标相一致。由于成员与俱乐部之间价值观的融合，这可以激发俱乐部全体成员的归属感和主人翁意识，使其发挥更大的积极性。

2. 组建优秀的俱乐部领导集体

经营球队是俱乐部的主业，并通过联赛体现其价值。价值的创造需要多方面的配合，而不仅限于球员在赛场上的分工协作。联赛产业化后，俱乐部的构成和管理层级更加复杂。重要决策由管理决策层做出，所以产生对优秀管理者的要求，处理俱乐部领导班子的“高权力和高合群”的配备尤为重要，前者是决策制定者，后者是决策执行者，二者不可或缺且须有效配合，领导集体的配备直接决定决策水平和管理能力并直接影响全局，一个好的领导班子，杰出的管理者是引领俱乐部文化发展的基本条件。

3. 塑造俱乐部的良好形象

体育俱乐部形象是指得到社会认同的俱乐部各种行动的外部表现。它由职业运动队在体育赛场上运动员素质、赛风、表现和运动成绩等在人们心目中的地位，在社会上所产生的印象而形成。俱乐部形象犹如物质产品的品牌，既是对社会负责，也会得到社会的回报。良好的俱乐部形象是一种无形资产，会给俱乐部带来巨大的经济效益和社会效益。

要建立和造就良好的俱乐部形象，就要求在俱乐部的各项活动中实事求是地宣传自己，尤其是每场比赛有众多的现场观众和电视观众，场上运动员、教练员都要注意自己的各种表现，以对广大观众产生直接的良好影响。还可以通过参加多种社会公益活动和文化活动，在社会群体中树

---

① 曹可强. 论我国职业体育俱乐部的文化建设[J]. 上海体育学院学报，1997(11).

立俱乐部形象。运动员作为俱乐部的主体，其素质高低对俱乐部文化形成有较大影响，但目前国内运动员素质偏低，团队意识不强[①]，存在以大牌球员为中心且不利于俱乐部的小团体，老资格的球员对年轻球员颐指气使，大牌球员甚至凌驾于教练员之上，左右整个球队的方向，类似“球霸”的现象媒体屡屡曝光；职业球员的一系列诸如酗酒、打架，黄、毒、赌都非罕见现象，这些是俱乐部文化和形象建设须亟待解决的基本问题。俱乐部应该安排运动员接受各种培训，学习更多的知识，不仅要提高运动技术水平，而且要提高自身修养，以得到社会的广泛认同，使俱乐部的良好形象深入人心，并得到更多的支持。

---

① 冯维胜，倪刚. 职业体育俱乐部文化与形象建设的探讨[J]. 吉林体育学院学报，2006(2).

第十一章

结　论

1. 北京奥运后中国体育的发展方式将由政府办向社会办转变。体育发展融资方式的转变、体育多元功能的开发、运动项目管理体制改革等方面变化是北京奥运后我国职业体育发展面临的新背景变化。我国职业体育俱乐部处于以公有制为主体的社会主义市场经济条件下,有我国国情的特殊性,不可能也没有必要完全照搬国外职业体育俱乐部的运行模式。

2. 北美职业体育发展的成功启示:北美职业体育的成功是在一百余年的不断演变与发展中应运而生的。它与北美职业体育所处于相对完善的市场经济体制有密切的关系,同时它们在一定程度上反映了市场经济条件下职业体育运行的规律性与职业体育经营的潜规则。在生产过程中,基于职业体育产业的生产合作性、资源分配均衡性、俱乐部的共生性,并根据职业体育产品生产双方的相互竞争性、相互依存性,从而要求职业体育产业的生产过程中必须建立市场垄断型职业体育联盟来合作生产,这是职业体育产业生存的基础;在组织管理上,由于职业体育组织的松散性、地位的平等性、合作与竞争的共存性、组织管理的复杂性。职业体育的正常运转有赖于合理的组织结构与完善的管理制度及职业体育组织(项目协会、联赛委员会、俱乐部)内部形成有效的利益协调机制,这是职业体育组织运行的保障;在运行机制中,为保障其正常运行,必须建立目标机制、市场机制、投资机制、竞争机制及监督机制。同时倡导建立俱乐部运行的重要机制——自律机制,它有助于规范与约束职业体育组织行为,使俱乐部间保持经济上、运动水平上的相对平衡,维护俱乐部的整体利益;在市场经营中,职业体育产业必须以市场需求为导向,不断提高经营管理与竞赛及服务水平。建立市场经营集中制、联盟营销、收入分享、市场资源的联盟经营等手段来实现职业体育市场经营的利益最大化。同时提出职业体育的生存发展潜力与其社会基础有着密切关系,职业体育的成功运作必须致力于建立与形成深厚的社会基础,并紧紧依托于社会;在政府监控中,为弥补市场缺陷和维护社会公众利益,政府要对职业体育实行一定限度的管理与约束,其主要方式是依法宏观管理。

3. 通过 SWOT 分析法对我国职业体育经营的外部因素分析表明,世界经济全球化促使国际职业体育竞争激烈、经济转型期职业体育面临严峻挑战、我国职业体育市场开发薄弱、外部法制匮乏四个方面构成外部威胁;而政府大力支持提供保障、市场的更高需求提供动力、和谐社会的构建创造空间、北京奥运的成功带来生机则为我国职业体育经营提供了难得的发展机遇。同样,内部因素分析表明,目前职业体育组织产权模糊、运行机制不合理、经营模式欠佳、管理法滞后、利益机制失调是我国职业体育经营的劣势所在。但十余年发展目前我国职业体育已初具规模,以及我国竞技体育成绩辉煌为竞技体育职业化发展奠定的坚实基础则成为我国职业体育经营的优势。

4. 职业体育,其本质是一种“产业”,其核心产品是职业体育竞赛。职业体育俱乐部经营的实质就是将竞技体育当作“企业”来经营,因此,根据市场变化的外部环境,结合自身的优势与劣势,制定创新的经营战略是职业体育俱乐部作为经济实体走向企业化经营之路的关键所在。通过对我国职业体育经营的外部机遇与挑战、内部优势与劣势矩阵分析,借鉴北美职业体育的成功启示,结合我国现阶段基本国情提出我国职业体育俱乐部经营的总体战略、职能战略的构成及各职能战略实施对策。

5. 我国职业体育俱乐部经营宗旨、理念与目标:坚持以“服务球迷、服务赞助商、服务媒体” 为宗旨,进一步解放思想和观念,学习借鉴北美职业体育的管理经验和市场经营理念,加大管理力度,使球迷、俱乐部、赞助商、媒体均受益的方针使联赛健康成长。其战略目标是:提高俱乐部球队的技、战术水平,准确评估球队的实力以及在国内同行中的地位,并争取向更高层次的目标奋斗;俱乐部及其球队的品牌价值最大化,以此创造商机;赢得俱乐部所在地区体育竞赛表演市场,逐步实现俱乐部的自负盈亏、自我发展。实现对主要股东公司从提高企业形象等隐形贡献，到以利益和资产等有形贡献为主的转变。

6. 我国职业体育俱乐部经营的总体战略：通过对企业经营的三种总体战略（成本领先化战略、差异化战略、目标集中化战略）的优势、劣势及目标市场分析，结合我国职业体育自身的特点及外在市场环境，本文认为面对产生已达一个多世纪的西方发达国家高水平的职业体育赛事，我国必须承认自身在运动水平和市场运作上都明显处于竞争劣势。那么，中国的职业体育该怎样应对竞争？面对国际竞争，我国职业体育要想靠短期内提高运动水平来与西方职业赛事竞争是非常不现实的。中国职业体育面对国际强有力的竞争，应利用地理位置的接近性，采用目标集中化战略，在联赛和俱乐部的无形资产设计与经营中，吸取地域文化，设计联赛和职业俱乐部的名称、标志、球衣，从而增进体育观众的地区归属感和认同感，赢得市场。

7. 我国职业体育俱乐部经营的职能战略包括市场营销战略、产品管理战略、人力资源战略、财务管理战略、研究与开发战略、信息开发战略和俱乐部文化战略七个方面。

在市场营销战略上，实施品牌经营战略，提升国际竞争实力；以竞赛产品为核心的产品延伸战略；以球迷消费者需求为中心，提供优质的竞赛产品、全方位服务；采取灵活多样的定价策略；进行多角度的促销策略。

在产品管理战略上，提升核心产品——联赛质量是关键，同时加速外围产品开发与保护。加强对体育组织和赛事及活动名称、标志的开发保护，鼓励职业体育组织、体育赛事主办者面向市场，依法开发、使用无形资产，加大开发和推广力度，提高整体开发水平和效益，不断提高品牌效应，提升市场价值。

在人才管理战略上，应树立“以人为本”的战略管理思想，应建立全面公开的绩效管理机制，俱乐部培训向纵深发展，逐步建设一支懂管理、善经营、技术高、具有较高的综合素质、结构合理的俱乐部人才队伍。

在财务管理战略上，改变财务管理结构较为混乱的局面，实现俱乐部财务规范化管理，提高俱乐部的财务信息透明度，降低俱乐部与投资者之间的信息不对称，并拓宽俱乐部的融资渠道、真正实现政企分开、完善职业体育俱乐部产权组织关系和利益协调机制。

在研究与开发战略上，作为新兴产业、幼稚产业，应采取防御性研究与开发战略，重点放在技术开发和产品改进上，使产品做到尽善尽美，从而形成后来居上的优势，利于取得投资少、见效快、效益高的目标。

在信息开发战略上，转变观念、增强体育信息意识、普及体育信息技术、培训体育信息人才、开发体育信息资源、培育体育信息市场、创造良好体育信息环境将是我国职业体育信息化建设在近期需要重点解决的问题。

在俱乐部文化战略上，以增强球队的凝聚力和向心力，提高俱乐部的终极竞争力为目标，从构建俱乐部共同的价值观，组建优秀的俱乐部领导集体，塑造俱乐部的良好形象等方面来坚强建设。

参考文献

[1] 张林,李明.国外职业体育俱乐部运行机制的特点.上海体育学院学报[J].第25卷第1期2001年2月.

[2] 王其慧,李宁.中外体育史[M].武汉:湖北人民出版社,1988.5.

[3] 中国体育报,总局科研所召开高层研讨会——经济、文化、体育专家同议“和谐体育”,2005-5-18.

[4] 吴晗晗,陈元欣.我国职业体育俱乐部的融资现状分析[J].福建体育科技,2003(4).

[5] 何斌,毕仲春,王郓.全球化背景下中国职业体育发展研究[J].成都体育学院学报,2009(4).

[6] 刘素梅.2008年北京奥运对我国职业体育俱乐部融资的影响及对策[J].体育世界·学术,2008(6).

[7] 高雪峰.论竞技体育功能多元化与政府之间的关系[J].武汉体育学院学报,2004(3).

[8] 钟秉枢,于立贤,董进霞,梁栋.我国竞技体育职业化若干问题的研究——兼论深化我国运动项目管理体制改革[J].北京体育大学学报,2002(3).

[9] 王庆伟.我国职业体育联盟理论研究[D]北京体育大学,2004年

6 月.

[10] 高沈阳. 关于运动管理中心职能问题的探讨[M]//国家体育总局干部培训中心. 新世纪体育改革发展之探讨. 北京:北京体育大学出版社,2000:249—257.

[11] 肖林鹏. 中国体育管理体制改革研究述评[J]. 西安体育学院学报,2005(1):23-25.

[12] 李振国. 国家体育总局运动项目管理体制改革回顾[J]. 体育文化导刊,2008(4).

[13] Fort,R. (2000), "*Europe and North American Sports Differences*", Scottish Journal of Political Economy, Vo147, NO4,43-455.

[14] Kahn L. (2000) "*The sports business as a labor market laboratory*". Journal of Economic Perspectives,14,3,75-94.

[15] Neale W. (1964) "*The Peculiar Economics of Professional Sport*", Quarterly Journal of Economics,78,1,1-14.

[16] Scully G. (1974) "*Pay and performance in Major League Baseball*", American Economic Review,64,915-30.

[17] Hall S., Szymanski S. and Zimbalist A. (2002) "*Testing causality between team performance and pay roll: the cases of Major League Baseball and English soccer.*" Journal of Sports Economics,3,2,149-168.

[18] Forrest D. and Simmons R. (2002) "*Team salaries and playing success in sports: a comparative perspective*," Zeitschrift für Betriebswirtschaft Vol. 72,No. 4.

[19] 曹俊. 逆水行舟,不进则退[J]. 篮球, 1998,(09).

[20] 于立贤,钟秉枢. 我国竞技体育职业化研究综述[J]. 中国体育科技,2000. 10.

[21] 李明. 体育产业学导论[J]. 北京体育大学出版社,2004. 1.

[22]《国家体委运动项目管理中心工作规范暂行规定》. 国家体育运动委员会,1997 年 11 月 24 日.

[23]《2001—2010 体育改革与发展纲要》.国家体育总局,2002 年 12 月 25 日.

[24] 刘涛等.我国职业体育俱乐部市场竞争力的构建[J].辽宁体育科技,2003.12.

[25] 张林.职业体育俱乐部运行机制[M].北京:人民体育出版社,2001.

[26] 陈海辉.我国职业体育俱乐部现状与发展对策[J].邵阳学院学报, 2003.

[27] 赵豫.我国职业体育俱乐部公司化研究[J].体育文化导刊,2004,05.

[28] 孙庆鹏."潮头"思考——关于我国职业体育俱乐部制改革的几点认识[J].体育与科学,2000 年 21 卷 1 期.

[29] 周进强.职业体育俱乐部管理问题研究——职业体育俱乐部法律问题研究之三[J].天津体育学院学报,2002,01.

[30] 支建明.中国职业篮球市场开发的分析[J].广州体育学院学报,1999/03.

[31] 陈林祥.对我国职业足球俱乐部发展的初步研究[J].武汉体育学院学报,1995,01.

[32] 陈树华.关于我国建立职业篮球联盟的探讨[J].浙江体育科学.2003,25(1):9,11.

[33] 张吉龙.论中国足球产业化[J].体育科学.2001,21(1).

[34] 赵芳.我国体育产业立法的必要性分析[J].首都体育学院学报.2001,13(4)1.

[35] 赫武刚.论体育产业化与体育产业法制建设[J].体育学刊.1999,(3):52—54.

[36] 鲍明晓.体育产业[M].北京.人民体育出版社,2000 年 12 月第一版.

[37] 王相林.产权、制度与公平竞赛——解读"假球黑哨"[J].北京

体育大学学报,2004(6)..

[38] 尹海立. 我国建立职业体育联盟的可行性分析[J]. 上海体育学院学报,2005.8.

[39] 卢先吾. 全民健身大全[M]. 北京. 人民体育出版社. ,1996.

[40] 陈林祥. 摘译自美国体育管理学教材. 体育筹资. 一书,国外体育动态,2000.

[41] 一风著. 美国人看中国体育产业[J]. 体育博览,2003.7.

[42] 田军. 透视美国体育产业[J]. 体育博览 2004.2.30-31.

[43] 伯尼帕克豪斯,秦椿林等译. 体育管理学——基础与应用[M]. 清华大学出版社(第3版)P365, ,2003.

[44] 张林. 职业体育俱乐部发展沿革[J]. 西安体育学院学报,2001 第18卷第3期.

[45] 沙莉·P. 马思特瑞乐克斯. 卡罗·A. 巴尔. 玛丽·A. 汉姆斯文等著. 美国体育管理理论与实证.

[46] 伯尼帕克豪斯,秦椿林等译. 体育管理学——基础与应用[M]. 清华大学出版社(第3版)P365,2003.

[47] 夏普·雷吉斯特,格里米斯著. 社会问题经济学[M]. 北京. 中国人民大学出版社,2000. P236-237.

[48] 杨慧慧. 战略联盟及其支撑理论研究[J]. 科技情报开发与经济,2004年9月.

[49] 保罗· 萨缪尔森,威廉·诺德豪斯,著. 萧琛等译. 经济学[M]. 华夏出版社,麦格尔! 希尔出版公司,北京. 1999年版. 162-165.

[50] 迈克尔·利兹,彼得·冯·阿尔门著. 杨玉明,蒋建平,王琳译. 体育经济学. 北京. 清华大学出版社,2003. P88.

[51] 凌平. 美国职业体育管理体制初探[J]. 体育与科学,2003 第24卷第1期.

[52] Scully G. Economics Of sports. International Encyclopedia of the Social & Behavioral Sciences. 2001.

[53] Andrew Zimbalist. The End of Basketball As , We Know It: The Players Union, 1960—81. Business History Review; Spring 2003; 77. 1. 158.

[54] 张保华. 美英两国职业体育经济分析[J]. 体育学刊. 2004. 2. 139-141.

[55] 杰. 科克利(Jay J. Coakley)著. 管兵、刘仲翔、何晓斌译. 体育社会学[M]北京. 清华大学出版社. 2003. P421.

[56] 迈克尔 · 利兹,彼得 · 冯 · 阿尔门著. 杨玉明,蒋建平,王琳译. 体育经济学[M]. 北京. 清华大学出版社,2003. P248.

[57] 肯 · 卡瑟,多蒂 · 博 · 奥尔克斯著. 高远洋译. 体育与娱乐营销[M]. 电子工业出版社,2002. 1. P68-72.

[58] 王玉忠. 国有医药商业企业经营策略探讨 [J]. 经济问题,1996 年 03 期.

[59] 程盛楷. 创新营销,走出工业品营销的新天地——湖北东方化学工业公司营销创新的实践探索 [J]. 现代企业, 2004 年 11 期.

[60] 池建著. 竞技体育发展之路——走进美国[M]. 北京:人民体育出版社,2009 年 03 月.

[61] 周进强. 职业体育俱乐部管理问题研究[J]. 天津体育学院学报,2002(1):21-23.

[62] 骆秉全. 浅议美国四大职业体育联盟的经营发展及特点[J]体育文化导刊,2005 年 10 月.

[63] 张建君. 论中国经济转型模式[M]. 中共中央党校出版社. 2008 年 9 月.

[64] 王庆伟. 我国职业体育联盟理论研究[D]. 北京体育大学,2004 年 6 月.

[65] 钟秉枢. 职业体育理论与实证[M]. 北京体育大学出版社,2006 年 9 月.

[66] 徐连军. 我国职业体育俱乐部市场运行机制缺陷及其应对策略[J]. 北京体育大学学报,2006 年 29 卷 6 期.

[67] 张文健. 职业体育组织演进与创新[M]. 北京体育大学出版社,2006年.

[68] 张成云. 职业篮球俱乐部经营战略分析[J]. 体育文化导刊,2009. 3.

[69] 邱晓德. 论中国足球产业的泡沫经济现象与经营机制的软着陆[J]. 天津体育学院学报,2000,15(3).

[70] 刘金利. 情感营销:中国职业体育的主要营销策略[J]. 中国体育科技,2006(3).

[71] 杨铁黎,张建华,何丽娟. 我国职业篮球市场观众特征的调查与分析[J]. 体育文化导刊,2001,(5):26-27.

[72] 朱煜. 经营战略[M]. 中国纺织出版社,2004. 6.

[73] 张洪振. 我国职业体育俱乐部人力资源绩效评估弊端分析——浅议对我国职业体育俱乐部实行绩效管理的构想[J]. 天津体育学院学报,2005(5).

[74] 全国体院通用教材. 运动训练学[M]. 北京:人民体育出版社,2000:53-78.

[75] 王玉珍. 试论现代企业的绩效评估体系[J]. 地质技术经济与管理,2002,31(3):40-42.

[76] Davis Sweet. "If You Build It Online -They W illCome". The Wall Street Journal Edition.

[77] 李胜利. 现代企业的管理理念与完善[J]. 经济研究导刊,2009(8).

[78] 曹可强. 论我国职业体育俱乐部的文化建设[J]. 上海体育学院学报,1997(11).

[79] 冯维胜,倪刚. 职业体育俱乐部文化与形象建设的探讨[J]. 吉林体育学院学报,2006(2).

[80] 牛文君. 对奥运后我国现代体育产业发展与经营战略的再探讨[J]. 科技信息,2008 (36).

[81] 李为,黄签名. 我国职业足球俱乐部的经营战略[J]. 武汉体育学院学报,2005(4).

[82] 韩犁夫. 2011 年全国体育局长会议召开 足球项目多次提及[N]. 成都日报,2011-1-12.

[83] 国务院办公厅. 关于加快发展体育产业 促进体育消费的若干意见[R]. 2015-10-20.

[84] 国务院办公厅. 中国足球改革发展总体方案[R]. 2015-03-16.

[85] 张林,戴健,陈融. 我国职业体育俱乐部运行机制研究[J]. 体育科学,2001,04:11-14.

[86] 教材编写组. 构建社会主义和谐社会学习读本[M]. 北京:中共党史出版社,2005:28.

[87] 金宗强,李宗浩,叶加宝,等. "后奥运时代"我国竞技体育可持续发展的宏观对策研究[J]. 天津体育学院学报,2008,01:53-56+63.

[88] 杨桦. 20 世纪 80 年代以来我国竞技体育发展的成功经验及存在的问题[J]. 成都体育学院学报,2002,28(1):1-7. .

[89] 钟秉枢,于立贤,董进霞,梁栋. 我国竞技体育职业化若干问题的研究——兼论深化我国运动项目管理体制改革[J]. 北京体育大学学报,2002,25(2):145-147,169.

[90] 谭建湘,邱雪,金宗强. 中国足球职业联赛"管办分离"的研究[J]. 体育学刊,2015,03:42-47.

[91] 吴晗晗,陈元欣. 我国职业体育俱乐部的融资现状分析[J]. 福建体育科技,2003,22(3):29-30.

[92] 刘素梅. 2008 年北京奥运对我国职业体育俱乐部融资的影响及对策[J]. 体育世界·学术,2008(6):96-98.

[93] 王庆伟. 我国职业体育联盟理论研究[D]. 北京体育大学,2004 年 6 月.

[94] 钟秉枢. 钟秉枢谈职业化还要迈过几道坎[N]. 人民日报,2016-04-19.

[95] 刘成,司虎克.我国竞技体育与高校竞技体育互动发展之关系[J].上海体育学院学报 2008(3):39-43.

[96] 国务院办公厅.国务院办公厅关于加快发展体育产业的指导意见[R].中央政府门户网站 www.gov.cn,2010-03-24.

[97] 于晓.体育产业今年增加值预计实现 4000 亿元 占 GDP0.7%[N].中国新闻网,2015-12-08.

[98] 殷红博.《中国足球中长期发展规划(2016-2050 年)》解读[N].体总网(北京),2016-04-19.

附录

中国职业足球联赛管办分离方案设计

附录1 现行中超、中甲联赛的运转方式

1.1 足管中心

1.1.1 足球运动管理中心的任务

中国足球运动管理中心为国家体育总局直属事业单位,负责对足球运动项目及其发展全面实施管理。主要包括:(1)根据国家体育方针、政策,通过制定计划与政策统一组织、指导全国足球运动项目的发展;(2)协调地方和各个部门推动项目的普及、提高;(3)通过发展必要的经营活动,为本运动项目的发展积累资金。

1.1.2 足球运动管理中心的具体职责

(1)全面负责本运动项目的业务管理,研究和制定项目的发展规划、计划和方针政策;

(2)负责和指导本项目优秀运动队建设和后备人才的培养,管理本项目的国家队;

(3)研究制定并组织实施本项目的全国竞赛制度、计划、规则和裁判

法,负责本项目全国竞赛的管理,制定全国比赛规程,审定运动成绩;

(4)组织本项目的科学技术研究,进行器材的研究和开发,提高科学训练水平,组织宣传和出版刊物;

(5)开展国际交往和技术交流,提出本项目的国际活动计划,组织实施参加国际竞赛队伍的建设、集训和参赛事项;

(6)负责和指导在我国举办的国际比赛的审批和有关组织工作;

(7)积极开展与本项目有关的经营和服务活动,广开经费来源渠道,增强自我发展的活力和后劲;

(8)搞好中国足球协会的组织建设,广泛联系和团结社会各界人士,充分发挥协会的桥梁和纽带作用;

(9)管理中国足球学校;

(10)国家体育总局交办的其他事项。

1.2 足协

1.2.1 足协的任务

根据国家体育方针、政策和国际足球联合会、亚洲足球联合会章程及有关规定,统一组织、管理和指导全国足球运动发展,推动足球运动普及和提高,代表中国参与国际足球比赛及其他活动,并通过必要活动,为足球运动项目的发展筹集资金。

1.2.2 足协的职责(协会内部章程授权的权力)

(1)全面负责本运动项目的管理;研究制定本运动项目的方针政策、发展规划和计划,指导会员协会工作。

(2)管理本运动项目的各级国家队。

(3)负责和指导本运动项目俱乐部建设和后备人才培养。

(4)制定并组织实施本运动项目的全国竞赛制度、竞赛计划、规划和裁判法,负责本运动项目各类全国竞赛的管理。

(5)负责组织教练员、裁判员和会员协会、俱乐部有关人员培训。

(6)组织本运动项目的科学技术研究和科学技术攻关,探索训练规律,提高科学训练水平。

(7)制定足球场地标准,指导足球场地建设和足球器材的研究、开发,提高全国足球场地和器材水平。

(8)开展国际及地区间的交往和技术交流,提出本运动项目的对外活动计划并组织实施。

(9)积极开展与本运动项目有关的活动和咨询服务,广开经费来源渠道,增强自我发展能力。

(10)搞好本会自身建设,广泛联系和团结社会各界人士,充分发挥协会的桥梁和纽带作用。

1.2.3《体育法》中授予足协的权力

《体育法》第29条规定:全国单项协会负责该项目运动员注册、参赛、转会等;第32条,全国单项体育竞赛由该项目全国协会负责;第40条,单项协会负责该项目运动的普及与提高工作,代表中国参加相应的国际单项体育组织。可见,《体育法》不仅授予了足协对联赛的管理权,甚至是全国足球运动的管理机关。第49条:“在竞技体育中从事弄虚作假等违反纪律和体育规则的行为,由体育社会团体按照章程规定给予处罚;对国家工作人员中的直接责任人员,依法给予行政处分”,足协可以直接做出行政处罚,甚至对国家工作人员实施行政处罚;以《中国足协章程》为指导制定的《中国足协足球比赛违规违纪处罚办法》规定足协拥有3000元至10万元的罚款权,处罚的对象包括运动员、教练员、总经理和俱乐部。然而,《体育法》第五章规定,中国足球协会属社会团体法人,作为民事主体和其成员之间理应是平等的民事主体关系。而罚款权是《中华人民共和国行政处罚法》授予行政机关的法定职权,足协却直接拥有相当程度的违反规则行为的行政处罚权和纠纷处理的行政判决权,必然有悖于其民事主体的身份。

1.2.4《国际足联章程》中授予足协的权力

《国际足联章程》第 61 条第 2 款和第 3 款规定,"除非国际足联规程特别规定,任何事务不得求助于普通法庭"。"为确保上述规定的执行,各会员协会应在其章程中加入一条款,规定其俱乐部和会员不得将争端向普通法庭上诉,要求所有的争端都应提交会员协会,相应洲际足联或国际足联的司法机构裁决。"

相应的,在《中国足球协会章程》"争议处理"中规定:"一、中国足球协会各会员协会、各会员俱乐部及其成员,应保证不得将他们与中国足球协会、其他会员协会、会员俱乐部及其成员的争议提交法院,而只能向中国足球协会仲裁委员会提出申诉。二、仲裁委员会在《仲裁委员会工作条例》规定的范围内,做出的最终决定,对各方均具有约束力。三、仲裁委员会做出的上述范围外的裁决,可以向中国足球协会常务委员会申诉,常委会的裁决是最终裁决。"表现出足球行业协会有排除司法审查的权力,剥夺了事件当事人提出司法裁定的要求和权利。

作为足球行业的最高管理者,中国足球协会常务委员会的裁决,有利于行业内部管理规则的统一和一视同仁的管理程序的实施。但是作为最终裁决者就会因为缺乏中立立场而出现偏差,申诉者不服气,裁定结果将失去公信力,裁定者也将失去信任。

1.3 中超公司

1.3.1 中超公司的经营范围

(1)足球比赛推广、招商、客户服务;

(2)足球赛场、路牌、电视、报刊、互联网、印刷品及其他形式广告发布;

(3)足球比赛门票销售;

(4)电视、广播、网络版权开发和销售;

(5)足球商品及与足球相关商品、纪念品开发和销售;

(6)足球音像、信息、文化等商品的开发和销售;

(7)服装、箱包等开发和销售;

(8)信息服务、技术咨询、中介服务;

(9)其他被批准的范围。比如,中超联赛委员会管理范围、制订《中国足球协会超级联赛商务管理实施细则》,含处罚与奖励。

1.3.2 中超联赛委员会管理范围

《中超公司章程》(简称)第五条 中超联赛委员会在中国足球协会的领导下进行工作。中国足球协会对中超委员会的管理包括:(一)确定中超联赛和中超委员会的下列事项:1、中超联赛的名称、参赛队数、升降级制度;2、中超委员会的组织规则、中超经营公司的基本制度。(二)审核批准下列事项:1、中超委员会工作规范;2、中超俱乐部标准、进入和退出制度;3、中超联赛规程、竞赛日程;4、中超资源管理运作方案、收益分配方案;5、中超联赛会标、会旗、会歌、吉祥物等;6、中超联赛发展规划。(三)

推荐一名中国足球协会副主席为中超委员会主任人选(兼任中超公司董事长)。(四)要求俱乐部必须保证支持国家足球队和中国足球协会杯赛的比赛。

1.3.3 中超联赛的商务开发

按照联赛所有权与经营权应该分离的原则,中超委员会按照与中国足协的协议成立中超公司,负责中超联赛的商务开发,并按照法人治理结构设立股东会、董事会、聘任总经理等进行管理,并由中超公司全面负责中超商务资源的开发经营。

1.4 职业足球俱乐部

依据《中国足协章程》第四十五条、四十六条、四十七条有关条款。

1.4.1 职业足球俱乐部的性质

职业足球俱乐部,是在本会会员协会和本会相关专项委员会注册,参加本会主办的职业联赛,以市场运作为手段,以提高中国足球水平为目的,具有独立法人资格的组织。

1.4.2 职业足球俱乐部的权利

(1)选派代表参加相关联赛委员会;

(2)参加相关联赛委员会会议,并付诸表决事宜;

(3)对联赛工作具有建议权;

(4)享有申诉权;

(5)参加本会主办的职业联赛和其他足球活动的权利；

(6)获得联赛收入的分配；

(7)本章程规定的其他权利。

事实上，目前各家俱乐部似乎不看重中超联赛的利润分成，更看重利用中超联赛这一平台来通过广告达到提升企业形象(企业无形资产的提升)，以及向当地政府要政策的目的。

附录 2 基于管办分离原则的各主体职能和权责范围界定

2.1 足管中心主体职能和权责范围界定

根据我国体育法第 4 条规定,国家体育总局和地方体育行政机关是国务院和地方各级人民政府的体育主管部门,属于国家行政机关。因此足管中心应当致力于体育事业的宏观调控,着眼于中国足球事业发展方向的把握、足球的基础设施保障和足球公共秩序维护。

2.2 中国足协主体职能和权责范围界定

中国足协,作为全国性的单项体育社会团体,其主要职能在于管理单项体育运动的普及和提高,并且作为国际单项体育组织的官方代表,负责单项体育竞赛,包括制定有关体育竞赛规则、组织和监督全国联赛以及对违反体育规则的行为进行处罚。

中国足协的管理主要着眼于中国足球行业经营的纪律和竞争秩序,是中国足球发展的微观管理。

按照协议,中国足协虽委托中超公司行使经营权,但中超联赛的最初所有权以及所有派生的相关基本权利仍属于中国足协。

侧重于(1)制定行业规章制度,规范足球市场行为。除制订《中国足球协会章程》之外,要逐步建立和完善以职业足球联赛为核心的、竞赛体系相关的行业规章,以净化联赛秩序,以规范市场行为。此外,在行业技术领域还要制定项目相关的技术要求和标准。(2)制定规则,行使惩罚与纠纷判决权。按照《体育法》相关规定,并通过协会内部章程,相应的获得了一部分权利。应完善专门性的违规违纪处罚措施与程序,以及对纠纷的判决办法。

(3)通过管理条例和竞赛规程,行使日常管理和组织竞赛的权力。通过政府授权或委托,足球协会有对协会成员进行日常管理和组织各级各类足球竞赛的权力。日常管理包括了对各级各类俱乐部参加足球比赛条件的规定、对运动员的注册及管理、对教练员等级制度的管理、对裁判员的培训及等级制度的管理、对各级各类足球比赛制度的制定及管理等。

2.3 中超公司主体职能和权责范围界定

中超公司受中国足协委托,行使中超联赛的大部分经营权,负责比赛的电视转播、各级各类的中超联赛的冠名权、电视转播权、比赛赞助、比赛场地广告经营、比赛门票经营、赛事的推广以及相关产品的研发与推销等。

2.4 足球俱乐部主体职能和权责范围界定

俱乐部作为独立法人,除遵守国家有关法律的外,按照《足协章程》和《中超章程》合法经营隶属于自己俱乐部的那部分商业活动,并履行相关的义务。比如,(1)承认并严格遵守本会章程、规程、决议和决定;(2)树立国家利益高于一切的观念,支持各级国家队;(3)遵守并执行本会各相关专项委员会的决议和规章制度；(4)积极参加本会组织的各项比赛和活动，包括指定活动和公益性活动；(5)维护联赛声誉，不得参与赌球、打假球、贿赂裁判、制造赛场暴力和混乱，对上述行为有举报义务；(6)营造良好足球环境，创建优秀足球文化；(7)按时缴纳会费；(8)拥有一部分场地广告经营权和一定比例的比赛门票收入(中国足协提取部分管理费用)；(9)相关章程规定的其他义务。

附录3　中国足球职业联赛管办分离和完善的可行方案

党的十七届二中全会通过的《关于深化行政管理体制改革的意见》明确将政事分开、事企分开和管办分离作为事业单位改革三大原则,时任总理温家宝在政府工作报告中要求“要按照政事分开、事企分开和管办分离的要求,在科学分类的基础上,积极稳妥推进事业单位改革”。在管办分离原则与要求明确前提下,认真总结改革实践,对管办分离的内涵、实现形式、运行条件进行深入探讨,为管办分离现实改革提供坚实的理论支持。

3.1 中国足球职业联赛管办分离必须明确的几个问题

3.1.1 管办分离改革必须着眼于我国足球职业化改革的根本目标。即,(1)有利于提高足球比赛成绩,培养出更多优秀的足球运动人才;(2)有利于提高我国足球运动的综合实力与国际竞争力;(3)有利于满足广大人民群众日益增长的足球文化需求。

3.1.2 足球职业联赛的所有权及派生权利必须隶属国家。中国足球职业联赛,属于社会公共产品,国家拥有其各种基本权利。因此,足球职业联赛的所有权,以及由此派生出来的管理权、经营权和保证比赛健康、有序、正常进行的监督权只能属于国家体育行政部门(足管中心)和法律赋予的国家单项运动协会(足协),而非其他任何组织和个人。俱乐部拥有的是所投资俱乐部的所有权,以及由此派生出来的管理权、经营权和监督权,且拥有“中超联赛”管理的参与权和利润分成权。

3.1.3 搞好职业联赛的同时,始终不忘加强青少年足球培养工作,立足于项目的可持续发展。足球职业联赛的经济收益在保证投资者可能的基本利益的前提下,应将部分利润积极投入到足球项目提高和青少年足球培养中去,并尽快建立和完善利益分配机制。

3.1.4 加强进入足球职业联赛的社会资本的监管。资本进入职业联赛以后,其固有的逐利性和支配欲特征,表现出强烈的发言权和控制欲望,总是对投资对象提出按照其所设想的方向发展的要求。这必将出现足协、中超公司与俱乐部之间的矛盾。为此,急需加强中国足球职业联赛的监管工作,一方面不断完善制度和法规,确立各方都能接受的利益分配机制和风险承担机制,另一方面就是加强职业足球联赛决策的民主化和科学化。

3.1.5 建立健全中国职业足球联赛“禁入制度”,杜绝假球、黑哨、赌球等犯罪行为的发生。

3.1.6 中国足球职业联赛管办分离的模式设计必须立足我国社会主义初级阶段的基本国情。既要从国情出发,又要遵循市场经济的客观规律,来保证模式设计的合理性、可行性。

3.2 管办分离内涵的界定

管办分离是我国特有的用法,其内涵是作为公共服务供给者、事业单位举办者的政府,将其监管者与举办者职能相互分离。

管办分离是政府层面的职能分离,是政府公共管理职能(管)与出资人职能(办)的分离;虽然职能分离会引发机构、运行等方面一系列调整与变化,但其核心与关键是职能分离;管办分离可以采取机构分离的方式,也可以在机构不分离或不完全分离情况下实现其目标。

管办分离与政事分开关系密切,政事分开是管办分离的前提,管办分离则是政事分开的延伸;在政事分开条件下管办分离才有意义、才可实现,而管办分离的实施有助于深化政事分开。

同时,不能将管办分离等同于经济改革领域的政资分开,政府举办事业单位是为发展社会事业、实现公共服务均等化,由此形成的所有人职能可视为是权力人职能的延伸,是实现政府公共服务职能的手段;同时,事业单位是非营利性机构,其资产属于非经营性国有资产,政府在公共服务领域不可能像在经济领域那样可以成为具有明确经济利益的股东。

3.3 中国足球职业联赛管办分离的主要环节

3.3.1 机构人员分离,中国足协和足管中心相分离

根据我国体育法第4条规定,国家体育总局和地方体育行政机关是国务院和地方各级人民政府的体育主管部门,属于国家行政机关。

中国足协是从事足球专项管理的社会团体,其拥有自己的独立组织机构和管理机制。

现阶段我国足球运动的管理机构,是由国家体育总局足球运动管理中心和中国足球协会共同组成,对外是两块牌子一套人马,从管理机构和人员组成上不能分离,自然不能形成自治化的管理体制和运行机制。

3.3.2 职权分离,足球运动管理中心与中国足协各管其事

根据我国体育法的规定,体育行政机关的管理应当致力于体育事业的宏观调控。单项协会作为全国性的单项体育社会团体,其主要职能在于管理单项体育运动的普及和提高,并且作为国际单项体育组织的官方

代表，负责单项体育竞赛，包括制定有关体育竞赛规则、组织和监督全国联赛以及对违反体育规则的行为进行处罚。从总体上来看，国家体育总局足球运动管理中心的管理是着眼于中国足球事业发展方向的把握、足球的基础设施保障和足球公共秩序维护，是对中国足协的宏观管理。而中国足协的管理主要着眼于中国足球行业经营的纪律和竞争秩序，是中国足球发展的微观管理。

现阶段两个层次管理体制的合二为一，造成职能划分不清、角色划分不清、工作范围和工作对象划分不清，一套人马即制定政策又执行政策，又检查和监督、评判政策的被执行者。由于管理制度造成的上述运行机制，必然会产生无人监管的工作状态，权力会无限膨胀，产生足球假赌黑的环境就会逐渐形成。

3.3.3 财务分离，铲除腐败温床的前提

足球行业经费的独立是行使其自主权的保障，也是避免滋生腐败行为的基本前提。中国足球协会作为行业自治协会，其经费的来源较为广泛。根据中国足协章程的规定，中国足协的收入包括会费、注册费、捐赠、财政补助、门票分成、出让转播权等，既不单纯是财政拨款，也不是单纯的经营收入。从财政经费的来源和内容、结构和用途方面与国家财政与企业的财政均有所不同。国家体育行政机关的经费是来自国家财政拨款，其用途应有严格的规定和要求。一旦出现二者经费不分的局面，作为国家机关的工作人员就可以任意地使用这些经费而无人可以监管。这就为腐败行为打开了绿灯，权力和金钱相结合，腐败的温床就诞生了。

中国足球协会的经费独立管理，将为行业自治打下基础，也为行业内部的经费监管与使用创造条件。通过足球代表大会制度，使权力与经费脱离、监管与使用脱离，铲除腐败温床，使足球行业内部自我管理得以实现。

3.3.4 完善监管体系

(1)明确足协的法律定位,并对其进行合法性监督

中国足协定位于社会团体法人,是民事主体,独立承担民事责任。中国足球协会在职业足球发展的运行过程中,各级足球协会的管理权限要明确。在管理权力与行政权力集一身的情况下,作为管理者要非常清楚应该管什么和不应该管什么,权力不能无限扩大。

层出不穷的事实提醒人们注意:以组织集体名义做出的行为并不一定就能真正代表其成员的真实意图,有时甚至可能对其成员带来不利影响。在我国,足球协会的成立是政府直接推动的结果,极具有垄断性质,使得一些专业从事体育工作的运动员或体育组织根本没有多少选择的余地。从这方面来说,对足球协会自治权力进行合法性监督应是不容争辩的事实。

(2)规制足球协会规章

前文提及的《中国足球协会章程》中有关职业体育赛事纠纷规定,可以清楚地看到足球协会对涉外体育纠纷提请仲裁机构解决,对于国内的体育纠纷由仲裁委员会解决,排除了仲裁和法院的管辖。在我国目前尚未出台体育仲裁制度,事实上只承认足球协会的自治权。司法权原本就是消极性权力,再加上足球协会章程中一系列排除司法管辖的规定,从制度上奠定了足球协会自治权的垄断地位,形成了中国足球协会有关争议解决的“真空地带”。中国足协通过协会规章自设“仲裁委员会”并以此作为对司法机关的抗辩理由,直接剥夺了其成员依法提起诉讼的权力,其违法程度可见一斑。

(3)确保足协独立性,分离商业职能

足球监管体系具有高度授权的特征。但要成为一个真正意义的监管机构,足协必须具备这样一个核心特征:保持自身的相对独立性。对于中国足协而言,这意味着:独立于各个俱乐部,避免监管俘获;独立于其上级

主管部门,避免行政力量的过度干预。从长远来看,中国足协应该将商业职能分离出去,或者在商业职能与监管职能、国家层面的公共服务职能之间设立必要的防火墙,确保足球监管动机不会被商业利益左右。在中国足协独立运作的基础上,建立有效的问责机制,根据足协实绩来考核足协官员。

(4)改善监管治理,加强问责机制

在现有的管理体制下,足协是对体育总局负责的,更注重执行自上而下的行政命令,往往会忽视或无力顾及俱乐部、球员和球迷的诉求,这就必然会导致足协与其他利益主体的冲突,破坏不同主体之间的协调与合作机制。规则的制定往往缺乏开放性与广泛参与性,缺乏完善、透明的规则制定程序。因此,必须让各方都能够发表自己的看法,合理协调各方利益,增强足协运作的透明度,建立对足协的定期的公开考核机制,使得足协能够真正对中国足球的发展负责、对广大球迷和俱乐部负责。

(5)建立完善协调的监管规则体系

一方面,由于缺乏良好的监管治理机制,现有的监管规则就必然不能发挥利益协调与约束的作用。另一方面,监管规则也不健全、不系统,对于各种不良行为,如赌球、黑哨、假球等,还没有制定出一整套有效的规制措施。没有得到认可的规则很难得到真正贯彻,监管遵守情况较差,甚至在中超元年就出现了罢赛事件。必须通过合理的程序重新修订和系统清理现有规则体系,降低规则遵守成本,注重对规则进行包括成本收益分析在内的监管影响分析。

(6)改善落后的管理手段,加强执行机制

目前,所采取的管理手段还带有计划体制下浓厚的指令色彩,过分强调服从,而忽视了球员和俱乐部的平等地位,注重运用手中的强权,忽视建立协作机制。此外,监管功能的实现不仅要注重各种监管手段的设计和实施,还要正确处理与其他监管"角色"(如立法机关、司法机关、国家内以及超国家层面的国际机构)的相互合作。要有效地制止恶性赌球行为,不仅仅需要足协的努力、俱乐部的配合,还需要社会舆论的监督以及法院的及时介入。

3.3.5 完善制度执行过程中的监督机制

(1)中国足协会员的监督

中国足协会员通过全体会员代表大会享有章程规定的决定权,通过决定权的行使可以监督足协行为。但事实表明,这种监督是归于无效的,因为足协组成人员无法由会员决定,他们的行为也必然不受会员约束,会员的约束和监督并不影响中国足协的权力。会员通过其他方式监督足协的只有司法救济权这一公权力,但中国足协的章程中规定会员不得将争议或纠纷诉诸法院,从而剥夺了会员的司法救济权力。

(2)足球消费者群体监督

我国的足球市场的繁荣和衰弱,从根本上说是和足球消费者群体对足球市场的态度息息相关。足球消费者群体一般包括球迷、电视观众、赞助商等。这是一个庞大的监督群体。来自他们的声音应该是最能监督足球管理工作的。但是作为广大的球迷而言,监督行为的手段和方式只能是间接和非正式的,而且力量比较分散,很难形成有力的合音。

(3)媒体的监督

新闻舆论是一种借助于所传播的事实而形成的公众舆论,是一种不容置疑的监督力量。具有一种超乎法律和行政力量的权威性、威慑力、感召力和约束力。在我国足球市场形成之初,这种监督力量尤其显得格外重要。形成一种良好的舆论导向,营造一种良好的足球氛围和市场环境都需要新闻媒体的支持和参与。但在现阶段新闻媒体监督作用的发挥却因为以下几方面的原因远不尽如人意。由于新闻媒体本身的工作性质,决定了它只要新闻、只要内幕、只要独家专稿、只在乎媒体的生存和发展。这些决定了新闻媒体的监督往往并不是正式或者是正确的。

(4)立法监督

众所周知,无论是社会还是组织,实现法制的首要前提是制定法的完备,方才有法可依。从目前我国的体育协会的现状来分析,法律法规存在严重缺失,这主要是和我国行业协会的整体法律环境有很大关系。在当代,各国有关行业协会等社会团体的立法已日益成为各国法律体系中一个有机的、重要的组成部分。由于我国行业协会发展起步较晚,目前对行业协会的管理和监督主要是靠政策来支持,至今还没有出台一部调整行业协会的法律法规。行业协会的性质和地位、职能等没有得到明确,协会的运行也缺乏法律上的依据。从 1989 年底到 1998 年底,国务院颁布的《社会团体登记管理条例》和《基金会管理法》是仅有的两部行政法规,它们构成了社会团体活动的法律框架。1998 年 10 月 25 日,国务院同时颁布了新的《社会团体登记管理条例》,这是目前对行业协会进行登记管理的主要依据。

根据上述事实,在中国足球协会还处于转型和不确定阶段,针对体育行业协会进行国家正式立法从而实现合法规制,有些脱离现实之嫌。

(5)行政监督

基于中国足协章程和行政职权以及中国特殊状况,国家体育总局可以而且应该对中国足协实行监督。但中国足协的高层领导人都是由国家体育总局直接任命,中国足协的重大事务也由体育总局直接决策。"自己监督"效力不言自明。同质权力的制约由于其内在利益在本质上是一致的,难免会"忍痛而不能割爱",总能为自己的行为找到正当合理的理由。

(6)司法监督

诸多专家学者对中国足球协会章程的法律分析得出此章程中有关内容有排除司法管辖的条款等一系列缺陷(前文已涉及),足以说明此种监督机制存在很大疏漏。事实上,司法监督更为契合体育行业协会自治本质的客观要求。但中国足球协会的双面特征,作为拥有管理权和市场权为一身的管理机构不愿提请司法监督,而法院又由于各种原因采取回避的态度。此种情况持续下去的话,实现法治足球仿佛是很遥远的事情。